はじめに

　脳性麻痺や難病で重度の肢体不自由がある人や強度行動障害のある人など、いわゆる重度障害者の方は、これまで家族が介護を担うか、施設・病院で暮らすことが〝当たり前〟とされてきました。

　しかし、家族から在宅でケアを受ける場合、昼夜を問わず介護してもらわなければならず、家族が疲弊してしまうケースが多くあります。特に24時間の喀痰《かくたん》吸引や経管栄養といった医療的ケアが必要な人は、家族に負担をかけていることを気に病み、自分を責めてしまうことも少なくありません。

　一方で施設や病院で暮らす場合は、住み慣れた地域で家族と時間をともにすることは諦めざるを得ません。トイレや寝返り、外出がしたい際もスタッフの手が空くまで待たねばならず、本人が望む形で介護を受けることは難しいのが現状です。

異端の福祉

「重度訪問介護」をビジネスにした男

異端の福祉

「重度訪問介護」をビジネスにした男

高浜敏之
TAKAHAMA TOSHIYUKI

幻冬舎 MC

そんな重度障害者たちの生活を支える公的サービスとして、「重度訪問介護」があります。重度訪問介護を利用すると、介護スタッフによる在宅での介護および医療的ケアを受けることができ、家族の助けを借りることなく、また施設に入所することもなく、在宅での生活が可能になります。場合によっては24時間365日の利用も可能で、一人暮らしを実現している方もいます。

これらのサービスは、重度障害をもつ人の生き方の選択肢を広げ、人間としての尊厳や自由を守るという意味で非常に重要なものです。当事者の働きかけや運動によって勝ち取ったといえる、世界でも類例をみないすばらしい制度ですが、残念ながら制度開始から15年余りを経た今も十分には活用されていません。

その背景には、制度そのものの認知度が低いことや公費負担をする自治体の財源不足など複数の問題が絡み合っていますが、特に大きな問題として、サービスを提供できる事業者や介護スタッフの不足があります。供給が足りていないため、当事者が希望してもサービスを受けられないケースがあとを絶ちません。

私はこうした命の尊厳に関わるような重要な社会課題をビジネスの力で解決したいと思い、会社を立ち上げ、重度訪問介護事業所の全国展開に取り組んでいます。2023年1月には、全国47都道府県に事業所を構えることができました。今後の目標は山間部や離島など、全国津々浦々までサービスを届けることです。

映画『こんな夜更けにバナナかよ』で知られているとおり、もともと障害者の在宅介護を担っていたのはボランティアの人たちでした。そのため、障害者福祉にビジネスの話をもち込むことは金儲け主義であると「異端」視されてしまいます。しかし、私がこの方法にたどり着くまでにはたくさんの紆余曲折と試行錯誤がありました。

本書では私が見てきた重度障害者の現状や重度訪問介護の重要性を、現場の生の声として届けます。そして、介護サービスを受けたくても受けられない介護難民をゼロにするために、私たちがどんなビジネスを行い、どのようにして社会を変えようとしているのかをお話しします。

事故や病気で重度の障害を負う可能性は誰にでもあります。この国で生きるすべての人が安心して暮らせる社会となるために、本書が一石を投じられれば幸いです。

目次

友人から薦められた1冊の本で福祉に興味を抱く　29
探していた答えはここに　真のケアを求めて福祉の世界へ　31

第1章
重度障害者の介護へ 目の当たりにした過酷な現実

第2章

国の制度ができてもサービスが受けられない
働き手不足の重度訪問介護

第3章

誰もやらないなら自分でやるしかない

重度障害者が自宅で過ごせる介護事業を立ち上げる

第4章

利益の出る仕組みをつくり、従業員には高い給料を支払うことでサービス品質を高める

「福祉は清貧であれ」という業界の常識を覆す

第5章

会社を成長させることが社会課題を解決する 必要な人が必要な介護を受けられる社会を目指して

おわりに

プロローグ

本当の強さを求めて――
福祉の道へ

「清く貧しく」の福祉像に反する異端のビジネスモデル

２０２３年１月１日、重度障害者の在宅生活を24時間支える重度訪問介護の事業所「ホームケア土屋」が47都道府県でサービス提供する体制を、ついに整えることができました。会社設立から２年半、思えば私が福祉の世界に身を投じてから20年が経っていました。

私が代表を務める株式会社土屋は、重度訪問介護事業においては国内最大規模です。以前に勤めていた会社からスピンオフする形での起業だったため、創業当初から従業員約７００人という大所帯でスタートしました。現在はさらに増え、２０００人を超えました。事業拡大を急ピッチで進めており、採用チームとマーケティングチームの協働により月間１０００名以上の応募があり、毎月１００名以上のスタッフ（非常勤含む）を採用しています。高齢・児童・障害のすべてを包括する「トータルケアカンパニー」となるべく、高齢福祉分野の事業所も全国に立ち上げ、児童福祉分野の新規事業も計画中です。

第3期決算（2022年10月末）の売上高はグループ合算で50億円超。福祉職の待遇改善の取り組みとして業界トップ水準の給与体系を追求しており、社員のなかには1000万円プレーヤーも複数人います。

介護業界の慢性的な人手不足を解消すべく、サービス部門と同時に人材養成研修事業所「土屋ケアカレッジ」を設立しました。医療的ケアの資格をもつ人材を養成して、クライアントの命を支える日々の現場に送り出しています。土屋ケアカレッジは2023年現在、全国に26教室を構えるに至りました。サービス提供事業と人材養成研修事業の両輪で、クライアントの生活を支えています。

また、障害分野は国内の実態把握もまだなされておらず、政策提言につなげられるように、シンクタンク部門「土屋総研」も設置しました。

日本の福祉に対するイメージには、ボランティア（無償や低報酬での奉仕）や清貧を善しとする向きがありますが、私はあえて真逆の道を選びました。効率性を重視して利益追求を怠らず、貪欲に事業拡大していくことや、高い給与水準を実現することに力を注いでいるのです。

なぜ障害福祉業界のなかでは「異端」である、スケールメリットや速度、効率性やＤＸを重視するビジネスモデルを選択したのか、疑問や不審に思う人もいるかと思います。

もちろん、介護の仕事に、純粋な奉仕精神が不可欠なのはいうまでもありません。命に関わる問題に、ビジネスの論理はときに全くそぐわないものです。しかし、ボランティアや低報酬では、担い手の限られた特殊な世界にとどまってしまいます。私たちは、ビジネスの論理に飲まれるのではなく、それを用いる方法を取りました。さまざまな課題が山積しており、その解決のためには多くの資金や人材が必要で、それらが多ければ多いほど在宅生活をしたいと望む重度障害者の願いをかなえることができるのです。

現在、知的障害、強度行動障害の方の地域生活を推進する取り組みをしています。また、医療的ケア児にもサービス提供を広げていこうとしています。

私たちの眼前に、解決すべき社会課題がそびえ立っているのです。

福祉業界で20年、私が歩いてきた道のりと現在地

社会課題に挑戦する私の闘いは、己の尊厳を回復するために、捨て身で未来を勝ち取ろうとする障害者運動のリーダーたちと出会ったときから始まりました。

私が最初に福祉の世界の門を叩いたのは今から20年前のことです。障害当事者の運営する訪問介護事業所のヘルパーとして、福祉業界でのキャリアをスタートしました。

そこで私が知ったのは、それまで障害者の人たちが長年置かれてきた環境の過酷さです。障害をもつ人たちは長い間、自らの意志とは無関係に施設や病院での暮らしを余儀なくされ、当たり前の人間らしい営みや社会経験の機会を奪われてきました。身体が不

自由なだけで、社会から隔離され、自由を奪われる。自分には見えていなかった世界があること、そして今も苦しんでいる人が大勢いることにショックを受けました。

ちょうどそのころ、障害者の自立生活や、施設から地域への移行の動きが本格化しており、パイオニアたちが地域での自立した生活を求めて運動を展開していました。彼らの訴えは、自分がどこに住み、どう生きるかは自分で決めるというもので、そのための社会の理解とサポートを求めていました。私は彼らの運動に深く共鳴し、自分もメンバーの一員として活動に参加するようになっていきました。

31歳のときには日本の障害者福祉制度をつくってきた先駆的団体である「全国公的介護保障要求者組合」の事務局に抜擢され、デモを主導したり、厚生労働省に交渉に行ったりなど、活動の中心メンバーの一人として奔走しました。

私は障害者運動のリーダーたちに触発され、ホームレス支援や労働運動、移住労働者の支援などの社会運動に邁進していきました。

ホームレス、生活困窮者支援では、路上で生活している人に声をかけ、その人が適切な福祉サービスが受けられるようになるまで、行政やケアマネと連携してサポートしました。このころに路上で出会った人が、のちに私がデイサービスの所長を務めたとき、落ち着いた生活をしながら利用者として通ってくれたり、職員として雇用を得て働いてくれたりしたのは本当にうれしかったです。労働運動では、非正規労働者の権利を守るために組合を組織し、団体交渉を重ねました。

懸命に活動しましたが、ある時期から、燃え尽きたようにドロップアウトしてしまいます。過労とアルコール依存症が重なり、体を壊してしまったのです。そこから、自分に向き合い、思考と行動のパターンを見直さざるを得ない時間を送りました。思えばそのとき、社会課題に挑戦する、自身の方法を探していたのかもしれません。

38歳のとき、勤めていた認知症グループホームの関係者から起業の誘いを受け、デイサービス事業の立ち上げを担うことになりました。

そしていくつかの偶然に導かれて、２０１４年6月、一度は離れた、私の原点である障害者福祉――重度訪問介護の事業を社内に立ち上げました。私が社会運動家として活動していた頃から約10年が経っていましたが、重度障害者たちの地域移行はあまり進んでいませんでした。

難病や障害をもっていても、その人らしい暮らしを実現してほしい。私は前職から独立するかたちで2020年8月、今の会社を設立しました。「すべての希望者に重度訪問介護を届ける」という目標の到達にはまだまだです。圧倒的に介護人材が足りません し、提供するケアサービスの質もさらに高めていかなければなりません。

私は障害福祉業界では異端ともいえる方法で、社会課題に取り組み、現状打破に挑んでいくことにしました。

父の背中を追ってボクシングに熱中した10代

今でこそ福祉の世界にどっぷりとはまり、重度訪問介護事業を通して日本の福祉の未来を切り拓くため奔走している私ですが、もともとは福祉とは程遠い世界の人間でした。

福祉業界の人というと弱者に優しくいつもおおらかで、人助けをする聖人君子のようなイメージをもっている人が多いと思います。しかし、私は失敗や挫折の多い人間で、若い頃は人を助けるより助けられることや迷惑を掛けることのほうが多い人生を歩んできました。

私の父は元ボクサーで、私はその背中を見て育ちました。プロの一歩手前まで行くほどでした。サンドバッグに一人向き合い淡々と汗を流し、過酷な減量にも音を上げず勝つために己を鼓舞し、リング上で誇りと命をかけて闘うボクサー……そんな格好よさに、私は幼い頃から憧れを抱いていました。あのまま父がボクサーを続けていれば、いずれプロになれていたと思います。しかし、父は結核を患ってしまい、泣く泣くプロボクサーになる夢を諦めざるを得ませんでした。

幼少期から男は強くなれと教えられていた私は、父の背中を追うようにボクシングを始め、父から手ほどきを受け、すぐにその面白さに魅了されていきました。多くのチャンピオンを輩出している名門ジムに所属し、「プロになって新人王を狙おう」とトレーナーに声を掛けてもらうまでになりました。父が目指したプロボクサーという夢はいつしか私の夢になっていました。

いよいよプロテストを受けられるステージに至り、プロとの実践スパーリングも重ね、私自身も夢に近づいている手応えを感じていました。しかし、その一方でボクシングの本当の厳しさと怖さを知るようにもなっていきます。リング上では本気で殴り合い、怪我をすることも増えていきます。一瞬の油断が大怪我を招き、打ち所が悪ければ落命することさえある、まさに〝命がけの競技〟――それがボクシングです。

怪我や落命、後遺症の怖さに向き合うことができず、一度ボクシングから逃げ出しました。

プロの道を断念し、大学の哲学科へ

ボクシングから離れ、2年遅れでいったんは上智大学法学部に進学しました。周りの学生はキャンパスライフをエンジョイし、エリートコースまっしぐらで、ただただまぶしかったのを覚えています。

周りになじめないまま、やはり夢を諦められない自分がいました。不完全燃焼のまま終われない……そう考え直して、再びリングに戻ります。退路を断ってボクシングに集中するために大学は中退しました。それだけの覚悟を決めて戻ったはずのボクシングの世界でしたが、結局は壁を乗り越えることができませんでした。私は己の限界を思い知り、今度こそ完全にプロボクサーの夢を手放したのです。

ボクシングの厳しいトレーニングの合間に、常に私の掌にあったのは、哲学や文学の文庫本でした。知が方途を失った私に羅針盤を与えてくれるのではないか、という期待がありました。私はもう一度勉強して、慶應義塾大学文学部へ進学しました。

古今東西の哲学者や思想家の書物を渉猟《しょうりょう》しました。柄谷行人、中沢新一、井筒俊彦、ニーチェ、レヴィナス、バタイユ、フランクル……現代思想を学び、生きることの道標を探し求めました。

落ち着いた環境で勉学に励めると思っていた矢先、会社経営をしていた父が末期癌の宣告を受け、実家は困窮状態に陥りました。キラキラした学生生活を送る同級生を尻目に、生活費と学費を稼ぐため、新聞奨学生制度を使って、三田にある新聞専売所に住み込んで朝刊と夕刊を配り、空き時間には飲食店で働きながら大学に通うことになりました。

世界史を揺るがす事件となった2001年9月11日のアメリカ同時多発テロ事件のニュースを新聞専売所の小さなテレビ画面で見たのを覚えています。ワールドトレードセンターに突っ込む飛行機の映像が到底現実のものとは思えず、呆然と見ていました。そして、復讐心に燃え正義をふりかざす大国の戦争が始まりました。

2002年元日の夕刊を配達していると、一面に書かれた次の文章が目に飛び込んできました。

「好ましいグローバリゼーション？　それはハリウッド的な大音量のスピーカーによる支配ではなく、世界の小さな声にお互い耳を傾けあえることでしょう」

韓国の映画監督イ・チャンドン氏の言葉です。「小さな声」という言葉が記憶に刻まれました。

一般企業の就職への違和感
アルバイトで自分探しの日々

4年生になると周りは就職活動、企業の内定へと進んでいきます。輝く未来に向かっているように見える同級生をよそに、私は相変わらず生活のためのアルバイトに追われながら大学にも在籍し続け、仕事と学業の間で宙ぶらりんの状態でした。

大学に再入学した当初は研究者か教師になろうと考えていたのです。しかし、いざ4年生になると、教師の道も何か違う気がしました。かといって一般企業への就職も気が進みませんでした。

哲学や文学というのは実利に直結しない学問分野です。私は利益や効率など数字を追う仕事ではなく、もっと意味を実感できるような仕事を求めていました。お金は生きていくのに必要なだけあればよく、稼ぐことがモチベーションにはなりませんでした。

しかし、私が理想とするような仕事が何なのか、どういう業界や業種を選べばそういう仕事に出合えるのかがよく分からず、結局はアルバイト生活を送ることになりました。

その頃やっていたアルバイトは営業の仕事でした。営利企業は嫌だといっておきながら矛盾しているのですが、それなりにインセンティブを稼ぐことができ、経済的には全く問題がありませんでした。職場の人とお酒を酌み交わし、大人の会話をすることも楽しかったので、自己矛盾は心のなかで押し殺し、「やりがいがある」「充実している」「お客さんにも喜んでもらえている」と良い面だけ見るように自分を仕向けていたと思います。

しかし、徐々に〝本当の自分〟が〝今の自分〟を責める声を無視できなくなっていき、本当にそれでいいのか、このままで後悔しないかと自問自答を繰り返していました。

友人から薦められた1冊の本で福祉に興味を抱く

そんな私に転機が訪れます。当時の大学時代の友人（現在の妻）に薦められ、鷲田清一という哲学者の『「聴く」ことの力──臨床哲学試論』（ちくま学芸文庫）という本を読んだのです。

この本は「聴く」という営みを切り口にして、哲学の本質と可能性について論じたものです。著者は本のなかで「聴くことが、ことばを受けとめることが、他者の自己理解の場を劈《ひら》くということであろう」と述べています。つまり、聴くという行為が相手の自己理解を促すというのです。

今でこそ「傾聴」という言葉が一般的になり、目の前の相手をそのまま受け止める手法としてカウンセリングやコーチング、教育などの場面で取り入れられていますが、聴くことが話し手の気づきや心のケアになり得ることを哲学の文脈で説いたこの本に、当時、驚きを感じました。エッセイには、植田正治氏の美しい写真が全編にわたって挿入されています。この本は哲学書としてだけでなく読み物としても広く受け入れられ、話題となりました。

この本の冒頭には、心に痛手を負ったある母親のエピソードが描かれています。この母親は1995年1月17日の早朝に起きた阪神・淡路大震災で、最愛の息子を亡くしました。深夜まで受験勉強をしていてコタツで寝入ってしまった息子を、いつもなら起こして2階の自室に行かせるのに、たまたまこの日だけは起こすのがかわいそうに思ってそのまま寝かせておいたのです。そこに激震が襲いかかりました。息子は崩れ落ちた2階の下敷きになり、亡くなってしまいました。

母親は自分が放っておいたせいで息子を死なせてしまったと、激しく自分を責め続けていました。そんなある日、一人の女性がボランティアで被災地に赴き、この母親と出会います。母親はたまたま出会っただけの、このボランティアの女性に自身のとりかえしのつかない過失について何度も何度も語り続けたのでした。

ボランティアの女性はただ聴くことしかできませんでした。しかし、この聴くという行為が母親の心の傷を癒やしたのです。この本にはこう書かれています。

「そのとき彼女にできたことは、ただこのひとの話を聴くことだけだった。が、この聴くことだけが、爛《ただ》れたこのひとのこころの皮膚を、破れ目はいっぱいあっても、あるいはつぎはぎだらけであっても、かろうじて一枚つづりになった薄膜で覆うことができた……」

この話を読んだ瞬間、私のなかで大きく感情が動きました。何か自分の目の前を覆っていた雲が晴れて光が差すような心持ちがしたのです。

探していた答えはここに
真のケアを求めて福祉の世界へ

本のなかに、精神科医の中井久夫さんのエピソードが出てきます。豪雨のなか、不眠症の少女を往診した中井医師が少女の脈をとると、一分間に120という速脈でした。少女が眠るまでここを動かないぞと座り込んだ医師は、両手を彼女にふれてじっと待ちます。すると、医師の脈が速くなりはじめ、ぴたりと少女と同期したというのです。

これを読むに至って私は、自己と他者の関係について、また真のケアとは何か、人に寄り添うとはどういうことかを深く考えるようになりました。そして、実際にケアの現場に身を置いてみたいと強く思うようになったのです。

ただそこにいること、黙って耳を傾けること、無条件で肯定し受け入れることが口で言うほど容易いものでないことを覚悟しました。

福祉こそ自分が求めていた仕事だという直観に突き動かされるようにして、私は求人雑誌で見つけた介護事業者に電話をし、福祉業界の門を叩くことになりました。

2002年の5月のことで、私は30歳になっていました。人よりだいぶ遅い旅立ちですが、新たにできた夢に向かって私は意気揚々と一歩を踏み出したのです。

私の会社には「優しさを誇らしさに」というキャッチフレーズがあります。「男は強くあらねばならない」という思い込みが、ボクシングを志した若い頃の自分を縛っていました。今、自分の目指すヒーロー像は大きく変化しました。傷つけるのではなく、傷ついた人のかたわらに寄り添い、痛みの声に真摯に耳を傾けることのできる共感力と優しさが欲しい、そう思うようになりました。

またその後、障害者運動に参加し、当事者が置かれた厳しい現実に直面するようになると、社会のなかに、また私自身のなかにも存在し続ける差別的な価値観や、それに起因する排他的な社会環境という「見えない敵」と闘っていこうと思うようにもなっていきます。

第1章

重度障害者の介護へ目の当たりにした過酷な現実

アルバイトで飛び込んだ福祉事業所で重度障害者の現実を知る

私が最初に介護を学ぶことになったのは、たまたま手にした求人誌に載っていた障害当事者が運営する事業所でした。それが、現参議院議員・木村英子氏が代表を務める、東京都多摩市の自立ステーションつばさです。

自立ステーションつばさは、障害者が自立生活をするための支援をする障害当事者団体です。「どんなに重度の障害があっても、地域のなかで当たり前に生活していける社会の実現」を目指して、1994年4月に発足しました。

代表の木村氏自身が重い障害を抱えています。生後8カ月のときに歩行器ごと玄関から落ちて障害を負い、幼少期の大半を養護施設で過ごしたそうです。当時は今のような重度障害者のための公的支援サービスがなく、重い障害がある人は家族が在宅で世話をするか、施設に入るかしか選択肢がありませんでした。

日本では障害があるというだけで保護や管理の対象者と見なされ、その程度が重いほど健常者の社会とは切り離され、隔離されてきた歴史があります。昔は座敷牢（私宅監置）といって人目につかない部屋に閉じ込められ、そこで一生を終えることも少なくありませんでした。さすがに現代になると座敷牢はなくなりましたが、「障害者＝保護や管理の対象」という考え方や風習は引き継がれています。多くの重度障害者が本人の意向に関係なく施設に入れられ、社会経験を得る機会もなく過ごしてきた現実があるのです。

施設にいた経験をもつ多くの当事者の証言によると、施設での暮らしは自分らしい生き方や人間としての尊厳とは程遠いものだったようです。ベッドに横たわっているか、車いすに乗せられるかしたまま長時間放っておかれることも日常的で、トイレに行きたくてもスタッフが忙しくて来てくれずお漏らしをしてしまったり、それで「汚い、手がかかる」と暴言を吐かれたりすることもよくあったと聞きます。施設によってはスタッフが入所者に手を上げる、いないものとして無視するなどの虐待行為も起きていました。外出の機会やイベントなどもほとんど企画されることはなく、変化のない毎日をただ無為に過ごしていたのです。もちろん丁寧なケアをしてくれる、まともな施設もあるにはありましたが、絶対数としては決して多くありませんでした。

そんな過酷な日々でも重度障害者たちは逃げることができません。体の自由がほとんど利かないから自分では逃げ出せないという単純な問題ではないのです。施設を追い出されたらほかに行き場がなく、社会で生きていく術《すべ》や身を立てる仕事もありません。そもそも施設以外で生きるための訓練など彼らは受けてきてはいないのです。屈辱的な扱いがあってもひたすら耐えて施設に居続けるしかありませんでした。


そんななかで1970年代半ばから、重度障害があっても地域で暮らす人が全国で少しずつ出てくるようになりました。木村氏も自分と同じような障害をもった女性が自立して生きていることを知り、地域で暮らすことを目指されたそうです。彼女は施設を拒否し、東京都国立市でボランティアの助けを得ながら自立生活を始めたそうです。

そして、ほかの重度障害をもつ仲間にも自立の可能性を広げるために、自立ステーションつばさを立ち上げるに至り、私も大学卒業後にそこで働かせていただくことになりました。

私は福祉のアルバイトを始めるまで障害者と身近に関わる機会がほとんどなく、特に重度の障害をもつ人たちとは一度も接したことがありませんでした。全くの無知で飛び込んだ世界だったので、重度障害者が強いられてきた現状や取り組んでいる社会課題について聞かされて強いショックを受けました。

自分の知らないところでこんな過酷な思いをしてきた人たちがいるのか、見えないところで人権を守るために闘っている人たちがいるのか——。その現実を突きつけられて、今までの自分の無知を恥じないではいられませんでした。

ともに生きることを学びあう場

私はこの事業所で介護スタッフとして働くようになりました。障害者の居宅に行き、食事や排せつ、入浴など生活全般にわたるサポートをするのですが、介護そのものはやりがいがありました。ボクシングで鍛えてきたフィジカルの素地があったので、体力的につらいと思ったことはありません。ただ、障害者にもいろいろな人がいて、介護スタッフにつらく当たってきたり、無理難題をいってきたりする人もいます。その人間関係ではつらい思いもしました。

現場に出る前に基本的な研修を受けるとはいえ、私が介護のほぼ素人でクライアントの望むケアができなかったこともあり、クライアントのイライラが募って激しい言葉をぶつけられたこともありました。

最初は私もなんとか要望に応えられるように頑張るのですが、介護は一朝一夕にはいかずなかなかクライアントの気に沿うようなケアができませんでした。一人ひとり障害の種類や程度、生活習慣や好みが違うため、個別のケアが必要なのですが、その対応が研修で習ったとおりにはうまくいきませんでした。

気難しいクライアントになると何度やっても納得してもらえず、私ではだめなのでほかのスタッフに変わってほしいと言われたこともありました。自分の至らなさを思い知らされるとともに、寄り添うという仕事の難しさを痛感しました。

私はこの仕事をするまでは、障害者は忍耐強く、障害があるゆえに人格者が多いという勝手なイメージをもっていました。しかし、当たり前のことですが障害者も千差万別で、穏やかな人もいればキツイ人もいます。自分の障害を受け入れて前向きに生きている人もいれば、障害を受け入れられず、その葛藤や苦しみから他人に八つ当たりする人もいるのです。

そうやって日々奮闘しながら3カ月ほどが経過した頃、代表の木村氏に呼ばれ、クライアントから理不尽なことを言われたとき、どう対応しているかと質問されました。私は素直に、「適当に受け流しています」と答えました。クライアントとぶつからないために、また飛んでくる言葉の刃から自分の心を守るために〝適当に受け流す〟というのが最もよい処世術だとそのときの私は思っていたのです。

ところが、私の答えを聞いた途端、木村氏の顔色が変わりました。そして「障害者をバカにしているのか！」と一喝されました。想像もしていなかった反応に、私が言葉を失ったのはいうまでもありません。

私は否定して言い返し、激論になりました。最後に「そう、そういう風に言い返してほしい」と言われ、続いた次の言葉にはっとしました。

「障害者には社会経験の機会を奪われてきた人も多く、関係を築くのが苦手な人もいる。介助の現場は、私たちにとって他者との関係を学ぶ大切な場所だ。学びあうために私たちは一緒にいるのだから、言われたことをロボットみたいにやるだけの介助者にはなってほしくない。ともに在り、ともに幸せをつくっていく場なのだから」

なんという意味のある仕事だろう、自分は長くこの仕事をやるかもしれないな、と思いました。


そこから私は障害者と本音で向き合うことを心掛けるようになりました。すると、それに呼応するように心を許してくれるクライアントも少しずつ増えていきました。

2002年当時、在宅で暮らす障害者はレアケースだった

少しずつ介護の仕事に慣れるにつれて、私にも障害者を取り巻く環境が見えてきました。私が働いていた2002年時点でも、障害者が自由に自分の暮らしを選べるという状況とは言い難く、不本意なかたちで施設暮らしを余儀なくされている人が多くいました。

自宅に帰りたくても家族の負担が大きくなるので帰れない、一人暮らしを希望してもケアのあてがないので断念するというケースのほうが圧倒的に多かったのです。

なぜなら、今のような重度障害者が使える公的制度がなかったことや、重度障害者に対応できる専門的な介護人材がごく少数だったことなど、地域の側の受け皿が小さかったからです。それに、そもそも他人の手を借りて在宅生活をするという発想がない人や、実際に一人暮らしをしている重度障害者がいることを知らない人も多かったのです。

もちろん自ら望んで施設暮らしをし、十分なケアが受けられている人はそれでいいのです。在宅が正しくて施設暮らしが間違っているという話ではありません。施設でも自分らしく生きられるなら、わざわざ出る必要もないと思います。そうではなくて、施設では自分らしい生き方ができない、在宅のほうがいいと思っているのに、施設にいるしかないという状況が望ましくないのです。

健常者ならどこに住むかは自由意志で決めることができます。もし他人から住む場所を指定され、そこ以外に住むことは認めないと強要されたら、どこに住もうと勝手だ、人権侵害だと怒って騒ぐに違いありません。そんなふうに健常者ならごく当たり前にもっている選択肢が、障害者であるというだけで自動的に奪われてしまっていることが問題なのです。

自分のことは自分で決める——障害者の「当事者主権」という考え方

自分が望む場所で望む人と暮らせない、自分らしく生きることができない、食べたいものを食べ、トイレに行きたいときに行くことができない、外部の人や社会と隔絶される……という生活が続くとしたらどう思うでしょうか。

施設にいる障害者のなかにも、こんな籠の中の鳥のような生活はうんざりだ、と考える人が少なくありません。

しかし、障害者たちは長い歴史のなかで常に社会の隅に追いやられ、その意志を奪われてきました。障害者は施設にいることが安全で幸せに違いない、障害者は弱くてできないことが多いから守ってあげなくてはという、健常者目線での優しさや配慮によって、結果的に障害者はさまざまな選択肢や権利を失ってきたのです。障害者の「小さな声」は黙殺され続けてきました。

健常者は障害者に「やってあげる」ことが福祉だと考えがちです。もちろん健常者に悪気はありません。しかしパターナリズム（強い立場にある者が、弱い立場にある者の利益のためだとして、本人の意志を問わずに介入・干渉・支援すること）を善意だと思って押し付けた結果、障害者は進学も職業選択も諦めることが多くなります。やがて障害者自身が、自分は障害があるから一般社会では生きられないという先入観をもってしまうことになるのです。

こうした障害福祉のあり方に対して、異を唱える考え方が１９７０年代以降に生まれてきました。２００３年に『当事者主権』（岩波書店）という本が出版されましたが、これはまさに障害者およびその他の社会的弱者の主権について述べたものです。著者は重度障害者であり、１９８６年に全国で初めて障害者の自立生活センターを設立した中西正司氏と、社会学者の上野千鶴子氏です。

この本では当事者主権について次のように定義しています。

「当事者主権は、何よりも人格の尊厳にもとづいている。主権とは自分の身体と精神に対する誰からも侵されない自己統治権、すなわち自己決定権をさす。私のこの権利は、誰にも譲ることができないし、誰からも侵されない、とする立場が『当事者主権』である」

そして、この本で障害者は「問題を抱えている」のではなく「問題を抱えさせられている」のだと説明します。障害を生んでいるのは社会である、という考え方です。車いすの人がバリアフリーの空間で自由に移動ができれば、その人にとって移動をハンディには感じません。しかし、街中で段差があると移動が妨げられ、車いすであることはハンディとして意識せざるを得ません。つまり、マジョリティの価値観や視点に基づく設計になっているために、障害者は「問題を抱えさせられる」のです。

そして、多数決や代表制による間接民主主義を批判し、社会設計において誰もが排除されないユニバーサル・デザインが構想されることの重要性が述べられています。

この当事者主権という考え方に至るまでには長い道のりがありました。その大きなムーブメントが障害者自立生活運動です。

障害者たちが歩んできた歴史と自立のための運動

日本の戦前の障害者福祉事業は、公的にはなかったといっていいほど乏しいものでした。障害者の受け皿となっていたのは宗教家や篤志家、民間の社会事業家などで、国の施策はほとんど何もなかったのです。国の責任で行われていた施策としては、江戸時代以前からあった視覚障害者の保護くらいのもので、それ以外の障害者は労働能力がないことによる貧困が問題として扱われていました。

戦後は敗戦による社会の混乱と貧窮のなかで、障害当事者らによる運動が始まります。国立の療養所や病院に入院していた傷痍軍人（戦争動員で障害を負った人たち）や、ハンセン病療養所の患者たちが自治会や患者組織を立ち上げ、病院・療養所を退院して社会復帰するための支援や制度改正を訴えました。

1950年代になると日本は好景気の波に乗ります。いわゆる高度経済成長の局面に入り、社会福祉にも目を向ける余裕が出てきます。1951年には社会福祉事業法が制定されて、公的な福祉サービスが始まりました。ただし、この時点では民間の福祉事業者に国が委託金を支払って便宜上、公的サービスとしただけで、実質的には公的な施策にはなっていません。

1952年には知的障害者の親の会が結成され、地域でともに生きる社会を目指す動きが起こります。精神障害者については、患者の保護と社会の治安を守るという大義のもと精神科病床が大幅に増床され、強制入院が強化されました。

1950年代の障害者運動は当事者による立ち上がりというよりも、知的障害児の家族など周りの関係者による運動という色が強かったのですが、1956年に一つ動きがありました。脳性麻痺、カリエス、ポリオ、筋ジストロフィーなどをもつ身体障害者9人が集まり、「茨城県南障害者の会」を結成しました。当時では珍しい当事者による組織ということで反響が大きく、半年後には会員数50人を超える組織になりました。活動内容としてはバス旅行やハイキングなどの親睦が中心でしたが、この会の協力者の一人に、のちに「青い芝の会」の初期リーダーとなる大仏《おさらぎ》空《あきら》氏がいました。

1970年代に障害当事者による社会運動が活発化した

青い芝の会は日本の障害者自立生活運動を語るうえで外せない存在です。「茨城県南障害者の会」が発足した翌年、東京の光明養護学校（現・都立光明特別支援学校）の卒業生らによって「日本脳性マヒ者協会・青い芝の会」が結成されました。当初は未就学の脳性麻痺児のための塾の開設などを行っていましたが、結成3年後には会員数が240人超となり、札幌や福岡、広島にも支部ができます。

大仏氏は脳性麻痺者の生活の場としての「コロニー建設運動」を経て、茨城県のかすみがうら市と石岡市との境に位置する閑居山に「閑居山コロニー（のちにマハラバ村と呼ばれる)」を開きました。ここで当事者たちが共同生活を送り、自立運動の思想的基盤を形成していくのです。マハラバ村の出身者のなかには、70年代に障害者運動の中心メンバーとなる横塚晃一氏や横田 弘氏らがいました。

青い芝の会の活動として有名なものをいくつか紹介すると、一つは1970年に横浜市で起きた障害児殺害事件の減刑嘆願運動に対する活動があります。母親が脳性麻痺をもつ2歳の娘の将来を悲観して、エプロンのひもで絞め殺すという悲劇が起きたのです。この事件をマスコミは「日本の福祉施策が十分でないから起きた事件で、施設さえあればこのような悲劇は免れた」との論調で報じました。地元自治会や障害児の親の会などがこれに賛同し、母親に対する同情が高まって減刑を求める嘆願書運動が起こりました。

世論に対して青い芝の会は、脳性麻痺の当事者として娘の命の尊厳を訴えました。障害者は殺されても仕方がないというのなら、我々はいつ殺されるか分からないと反論し、殺した母親の気持ちが分かる、障害児は死んだほうが幸せだったという世論を激しく批判したのです。

結局、この母親の裁判は執行猶予が付く軽い刑で結審しました。

1976年〜1977年には車いす利用者のバス乗車拒否が相次いで起こり、青い芝の会は「バス乗車制限の撤廃」をバス会社や当時の運輸大臣や東京陸運局などに訴えました。しかし、話し合いはなかなか進展せず、その後も乗車拒否が続きました。

青い芝の会はこの事態に業を煮やし、車いすの会員たちが神奈川県川崎市の川崎駅前に集結して一斉にバスに乗車するという行動に出ます。バスは運行を停止し、マスコミが大きく報道する騒動となって、バス乗車拒否は社会問題化したのです。

その後も青い芝の会による闘いは続きましたが、車いす使用者の公共交通機関利用の制限は撤廃されませんでした。ただし、この問題提起は一般社会にインパクトを与えました。

さらに社会に障害者問題を考えさせる大きなきっかけとなったのが「府中療育センター闘争」です。府中療育センターは重度の身体障害者、知的障害者、重症心身障害者を対象とする施設で、1968年に開設された当時は東洋一の近代的施設として注目を浴びました。

しかし、実際には入所者たちは刑務所より酷いといわれるような非人間的な扱いをされていたのです。証言によれば、入所時に施設側の処遇に対して家族や本人は反対ができないと同意させられたうえで、脳性麻痺で痙攣があると筋を実験的に切断されたり、脳をロボトミーされる。女性は介助を楽にするために坊主にされ、子宮を摘出されたり、男性職員に入浴介助されるなどの人権侵害が横行していたそうです（『当事者主権』より）。

隠蔽されてきた実態の解明と改善を求めて、府中療育センター闘争のメンバーが都庁前に座り込みを行うなどし、実に3年にわたる苛烈な闘いが繰り広げられました。解決策として1981年にセンターの敷地外に新たに療養施設（都立日野療護園）が建設され、そこで府中療育センター闘争を教訓とした、入所者の主体を最大限に生かす運営とサービス提供が目指されたのです。

府中療育センター闘争の中心メンバーだった新田絹子氏はその後、施設を出て国立市内で自立生活を始めます。これが国立市で障害者の自立支援活動が始まる出発点となるのです。

ちなみに、重度障害者による自立生活は時期を同じくして全国各地で起こっています。映画にもなった実話『こんな夜更けにバナナかよ』の主人公、鹿野靖明氏は筋ジストロフィーという難病で重度障害を抱えながらボランティアの力を借りて一人暮らしを始めますが、この話もこの時代の出来事です。

私が勤務していた自立ステーションつばさと関係が深い、全国公的介護保障要求者組合（要求者組合）という団体は絹子氏の兄である新田 勲氏が委員長をしていました。新田 勲氏も脳性麻痺の当事者で府中療育センターに長く入所しており、抗議運動の中心メンバーの一人として立ち上がった人物です。彼も府中療育センター闘争が落ち着いたあと、1973年から地域で自立生活を始めていました。それ以来、重度障害者の公的介護保障を求めて活動し、実際に自立生活を支える諸制度の成立を実現してきました。

私はつばさで介護の仕事を続けながら要求者組合の活動にも参加するようになり、31歳のとき要求者組合の事務局に就任します。私は新田氏や木村氏をはじめ、多くのカリスマ的リーダーたちから薫陶や叱咤激励を受け、その生き様を見て学び、自立生活運動にのめり込んでいくのです。

当事者運動によって社会は本当に変わったのか

このように多くの障害当事者の勇気と行動によって、障害者の立場や環境は少しずつ改善してきたと見ることができます。その一方で、同じ問題が令和になってもいまだに起こっているという事実を見逃すことはできません。

障害児の将来を悲観して親が子どもに手をかけてしまう事件やバスの乗車拒否、施設での虐待問題などはたびたび繰り返され、昨今でもニュースになっています。

また、2016年には相模原障害者施設殺傷事件（やまゆり園事件）のような衝撃的な事件も起こりました。元職員だった当時26歳の男が施設に刃物をもって侵入し、入所者19人を刺殺、入所者・職員計26人に重軽傷を負わせたという事件です。犯人の男が警察の聴取で「障害者なんていなくなってしまえ」と供述したこと、話せない入所者を選んで刺し、「こいつらは生きていてもしょうがない」と発言したことなどが公判で明らかになっています。
差別が障害者を取り巻く環境を悪化させ、また環境が差別を助長しているのです。

重度障害者は「家族が面倒を見るもの」という重圧

日本ではいまだに介護は家族がするものという考え方が根強くあります。高齢者介護については介護保険制度が整備され、地域で支えることが普通になってきましたが、それでも多くの人は介護の丸投げは良くなく、家族が主体的に関わって公的サービスは補助的に利用すべきと考えていると思います。

公的サービスに依存しすぎないという考え方自体は間違っていないと思うのですが、ではどこまでが家族の担うべき適正な範囲なのかは判断の難しいところです。家族愛があり心の優しい家族ほど、自分が介護をしてあげたいと思うものです。そして、ちょっとこれを辛抱すれば介護してあげられる、自分の都合ややりたいことを介護より優先するのはわがままだと考えてしまい、どんどん介護の負担が大きくなっていきがちです。

介護をやりながらでも家族が幸せなら良いのですが、介護するために仕事を辞めたり、進学を諦めたり、友達とも疎遠になってしまったり……ということになると、のちのち苦しくなっていきます。

介護はいつまでやれば終わりという期限が分からないことが多いため、最初はできると思っても、だんだん疲弊していくことがあります。しかし、介護の渦中にいるときは一生懸命なので、自分が疲弊している認識がもてないことが多いのです。まだ大丈夫、もうちょっと頑張れると思っているうちに、燃え尽きてしまったり介護うつになったりして限界が来てしまうことが多いというのが現実です。

介護離職すれば貧困の問題も起きてきますし、進学ができなければ学歴社会では生きにくくなります。家族以外との関わりが減れば地域社会から孤立し、ますますSOSに気づいてもらえません。

核家族化で在宅介護はさらに困難になっている

核家族化で、在宅介護はより厳しい環境になったといえます。

昔は3世代が一緒に暮らすのが一般的で、家に障害者がいても家族で分担しながら介護を行い、手が足りないときは近所の親戚の手も借りるということもできたでしょう。

しかし、1970年代から大都市を中心に核家族化が進み、今は全国的に核家族の家庭のほうが多くなりました。夫婦と子どもだけの家庭の場合、子どもに重度障害があれば夫婦2人で介護を担うことになります。夫婦のどちらか一方は、日中は仕事をしなければなりませんから、介護の負担は家にいる1人の肩にかかってきます。夜間は2人体制になるものの、どちらも日中に仕事や介護で疲れ果てており、睡眠時間を削っての対応になります。重度障害者の介護では、場合によっては夜間も1時間ごと、15分ごとのケアが必要なケースもあります。

これで音を上げるなというほうが無理です。どんなに子どもを愛していて、体が元気な親でもこんな生活が長く続くはずがありません。しかし、現状は無理のある生活をずっと耐えて続けている家庭がとても多いのです。

重度障害者の受け皿となる施設も数が足りない

そういう家庭の受け皿として施設があるのだから、家族がつらいなら施設に預ければいいと考える人もいると思います。しかし、話はそう単純ではありません。施設の受け入れ可能数が十分ではない地域が多いからです。

NHKでは2022年5月のニュースで「全国の都道府県に取材したところ、施設への入所を希望し、待機している障害者が去年の時点で少なくとも27の都府県で延べ1万8640人に上っていることが分かった。このうち、東京や埼玉、広島、宮城など13の都県では待機者が年々増える傾向にあり、知的障害者についてはこの10年間で2倍に増えた県もある」と報じています。そして、空きを待つのは主に重度の知的障害者だと解説しています。

つまり、重度障害者のいる家庭では家族がケアするしかないのが現状だということです。重度障害者の在宅介護は24時間365日、本当に休みがありません。夜中でも体位交換や喀痰吸引などが必要な人もいます。それこそ寝る暇も気が休まるときもない日常を送っているといえます。

家族は、もし自分が倒れたら……と常に不安を抱えながら、体力の限界と闘っているのです。

老障介護やヤングケアラー問題の根幹にある重度障害者のための制度不備

○老障介護の現状と問題点

介護する家族にも当然のことながら高齢化は訪れます。高齢者の親が障害のある子を世話する「老障介護」の問題が今、社会問題化しています。
近年、引きこもりの問題として、80代の親が働かない50代の子の生活を支えている「8050問題」が、社会課題として注目されています。親の高齢化による親子共倒れが懸念されているわけですが、それと同じことが重度障害者の家庭でも起こっているのです。

先に挙げたNHKのニュースのなかでも、老障介護の実際のケースが紹介されていました。大阪に住む70代の女性は5年前に夫を亡くしてから、重度の知的障害と四肢麻痺のある40代の娘をたった一人で在宅介護しています。娘は必要な支援の程度を表す「障害支援区分」が最も高い「区分6」です。会話ができず、日常生活の全般で介助が欠かせません。日中はデイサービスを利用しているものの、それ以外の時間帯は母親が介護を担っており、食事を口に運んだり、入浴や着替えをさせたりと真夜中を過ぎても介助は続きます。

そんな母親も持病を抱えており、70歳を迎えた頃に疲労骨折した右膝には定期的な痛み止めの注射が必要となりました。母親はずっと娘と一緒に暮らしたいと願いつつ、自分がいなくなったあとのことを考えて施設への入所を模索していますが、自宅周辺にある施設はどこも満員でした。自宅から車で30分掛かる施設にも問い合わせましたが、すでに40人ほどが待機していて、いつ入れるか分からないと言われてしまいます。

母親は、わが子だからこそこれまで介護を続けることができたが、自分が倒れたら娘はどうなってしまうのだろうと毎晩のように考えるそうです。彼女はこのまま娘と暮らしたい気持ちはあるものの、70歳を過ぎ、今のような生活を続けることはできないので、考えれば考えるほど不安になるが、施設が空くのを待つしかないと語っていました。

◯ヤングケアラーの現状と問題点

重度障害者の家族介護に起因するものとして最近注目されているのが、ヤングケアラー問題です。老障介護とは逆で、病気や障害をもつ親や祖父母の介護をまだ18歳未満の子どもが担っているケースです。介護に加えて、家事や年下の弟妹の世話の負担なども加わってきます。

ヤングケアラーの子どもたちは、介護に追われて学業に時間をかけることができず、進学に影響が出る、また自分の将来のことを考える余裕もないなど、権利が侵害された状況にあります。子どもたちは選べない環境のなかに身を置き、相談できる人がいない、自分の人生に希望がもてないなどの問題を抱えています。家庭のことというのは、ある意味で密室なので外側からはなかなか見えません。その結果、学校の先生も町内会や自治体も、その子がヤングケアラーであることや人知れず悩みを抱えていることに気づけないことが多いのです。

また、ヤングケアラーである子ども自身も、生まれたときから親の介護が身近であるため、自分が置かれている現状を普通だと思ってしまい、自身の大変さを自覚できない、あるいは自覚してもこんなものだろうと看過してしまう場合が珍しくありません。

厚生労働省が文部科学省と連携して行った「ヤングケアラーの実態に関する調査研究２０２０年度」では、ヤングケアラーの実態が明らかになりました。公立中学生の17人に一人がヤングケアラーであるにもかかわらず自分がヤングケアラーだという自覚をもっている子どもは２％しかおらず、自分の現状について相談した経験がある子も２割しかいませんでした。

■ 数字で見るヤングケアラー

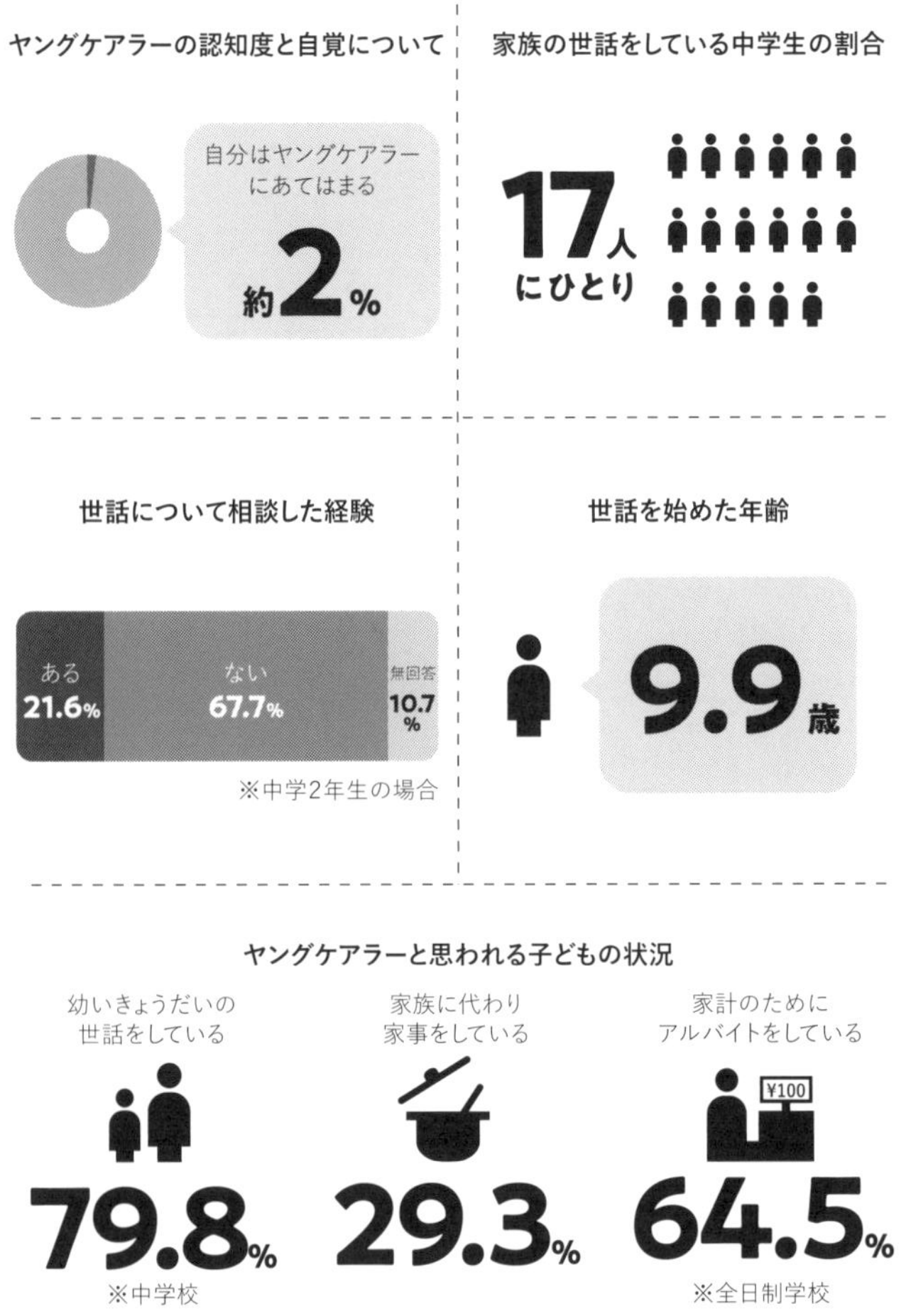

出典情報：厚生労働省と文部科学省の連携で行われた「ヤングケアラーの実態に関する調査研究2020年度」の調査結果より作成

なぜ相談しないのかという問いに対しては、「誰かに相談するほどの悩みではない」や「相談しても状況が変わるとは思わない」「家族のことを知られたくない」「誰に相談するのがいいか分からない」などの回答が挙がっています。

人工呼吸器をつけない選択をするALS患者が7割

ALS（筋萎縮性側索硬化症）という病気があります。アイス・バケツ・チャレンジが話題になったこともあり、聞いたことがある方も多いのではないでしょうか。

ブラックホール研究の第一人者として世界的に有名な物理学者のスティーブン・ホーキング博士が患っていたことで知られる病気です。中国の初代主席、毛沢東氏もこの病気に罹患していたといわれています。

難病医学研究財団が運営する難病情報センターのホームページにある説明によると、

「筋萎縮性側索硬化症（ALS）とは、手足・のど・舌の筋肉や呼吸に必要な筋肉がだんだん痩せて力がなくなっていく病気です。しかし、筋肉そのものの病気ではなく、筋肉を動かし、かつ運動をつかさどる神経（運動ニューロン）だけが障害をうけます。その結果、脳から『手足を動かせ』という命令が伝わらなくなることにより、力が弱くなり、筋肉が痩せていきます。その一方で、体の感覚、視力や聴力、内臓機能などはすべて保たれることが普通です」とあります。

新たに発症する人は年間に人口10万人当たり約1～2・5人で、2020年度の特定医療費（指定難病）受給者証所持者数では1万514人の患者が確認されており、患者数は徐々に増えています。

病気の原因は解明されていませんが、約95％の人は遺伝とは関係なく発症しているということで、いつ誰が罹患してもおかしくない病気といえます。治療法はまだ確立されておらず、延命治療をしなければ概ね発症から2～5年で死に至るとされていますが、個人差が大きく、ホーキング博士のように長く生きた例もあります。ホーキング博士は21歳の頃にALSと診断されてからも車いすで研究活動を続け、2018年に76歳で亡くなるまで55年間も第一線で活躍していました。

多くの場合、症状は手指や腕など体の一部の筋肉が痩せて、動かしにくくなることで始まります。徐々に全身の筋肉が痩せて力が入らなくなり、さらに進行して呼吸筋が弱まると呼吸も十分にできなくなります。進行しても通常は視力や聴力、体の感覚などは問題なく、目やまぶたを動かす筋肉などには症状が出にくいことが知られています。そのため、コミュニケーションは進行に応じて視線入力や文字盤で行います。

人工呼吸器を装着すれば呼吸を確保できるので、心臓が鼓動を止めるまで生きながらえることができます。しかし、在宅の場合は頻繁に喀痰吸引が必要であることから、24時間体制で介護を行うなど、家族の負担が非常に大きくなってしまうのです。

患者はいずれ呼吸不全が進んでいくことを前提として、人工呼吸器を装着して延命するか、装着をしないでそのまま自然死を迎えるかを選択することになります。この選択は患者本人はもとより家族にとっても過酷なものです。

この選択については、本人と主治医、家族の3者で時間を掛けて何度も話し合うことになりますが、多くの家族が装着してほしいと願います。話せなくてもいい、ただそこにいてくれるだけでいいから生きてほしいという家族が多いのです。

しかし日本では、患者本人は約7割が人工呼吸器の装着を拒否するといわれています。延命を望む人はたった3割です。

装着を拒否する理由として、家族に迷惑を掛けたくないということをあげる方が多くいます。いったん人工呼吸器をつけてしまえば外すことはできません。家族の介護負担を考えてしまうのです。

家族に介護をさせたくない、でも施設にも入れない……重度障害者たちの葛藤

家族の介護負担については、介護を受ける障害者自身が最も気に病んでいることです。

こうした現状を変える可能性を秘めているのが、私たちの運営する事業、重度訪問介

護サービスです。

重度訪問介護は国や自治体による公的介護サービスで、心身に重度の障害がある人が利用できます。障害の程度にもよりますが、場合によっては月に744時間（24時間×31日）の介護サービスを受けることができるため、家族と同居していても周囲のケアの負担は大幅に軽減し、地域での一人暮らしも可能になるのです。これなら家族の世話になることなく、施設にも入らずに生活できます。

あるALSのクライアントは、私たちがサービスに入った当初、延命を希望していませんでした。すなわち、ターミナルケアとしてサービスをスタートしたわけですが、医療的ケアの訓練をした介護スタッフによるサービスを受けた結果、呼吸器を装着し、このサービスを利用して生きていく、と翻意されました。私たちとしては、重度訪問介護の可能性を最も実感し、心が熱くなるときです。

【用語説明】　※重度訪問介護とは

重度の肢体不自由または重度の知的・精神障害があり常に介護を必要とする人に対して、ホームヘルパーが自宅を訪問し、入浴、排せつ、食事などの介護、調理、家事など、生活全般にわたる援助や外出時における移動中の介護を総合的に行い、地域生活を支援するもの。（先天性の脳性麻痺等、脳梗塞などの後発の脳血管性障害、事故等による脊髄頸椎損傷や遷延性意識障害、そしてＡＬＳや筋ジストロフィー、パーキンソンなどの神経筋難病疾患、知的障害者の人など）

第1章
重度障害者の介護へ
目の当たりにした過酷な現実

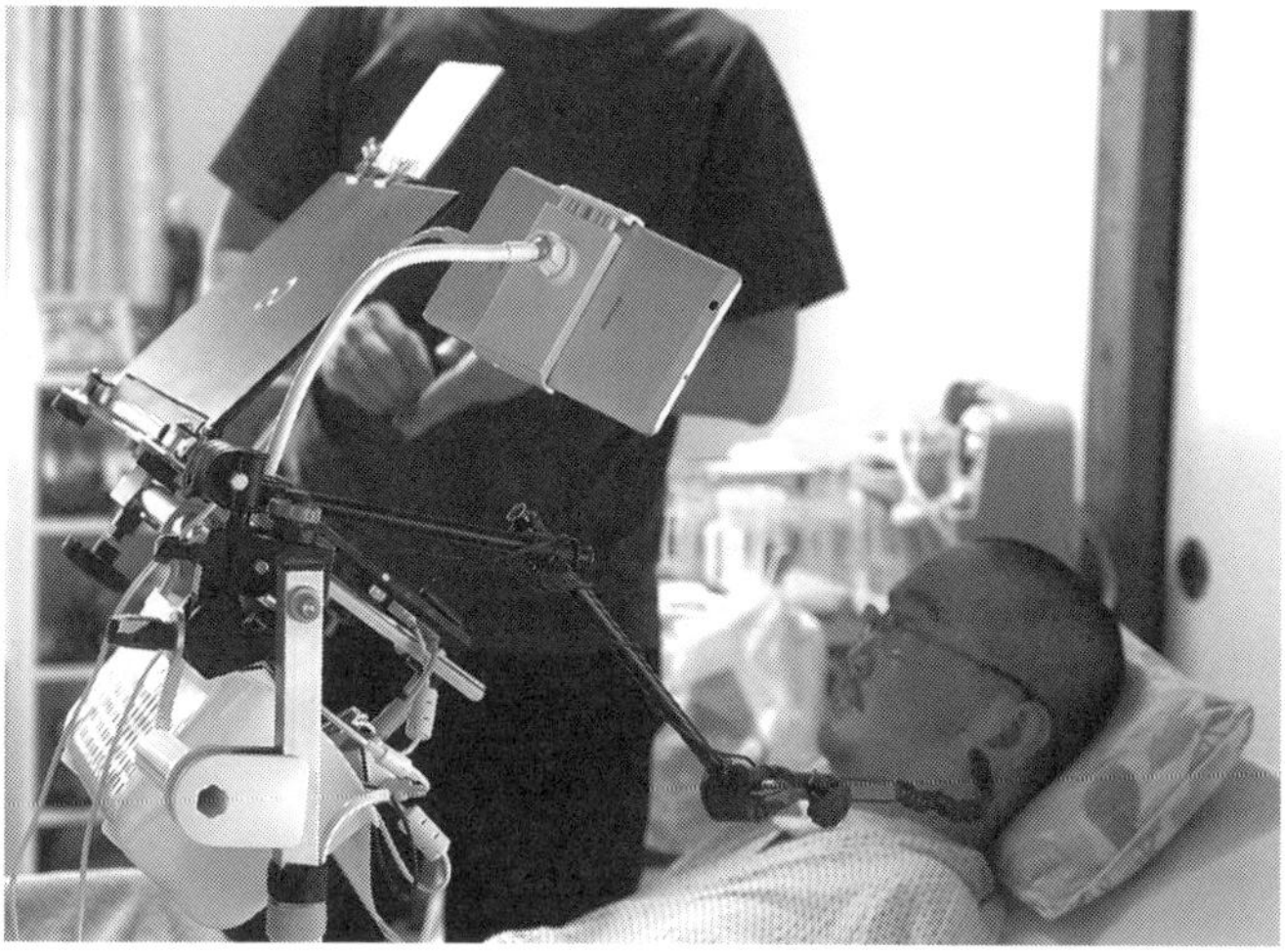

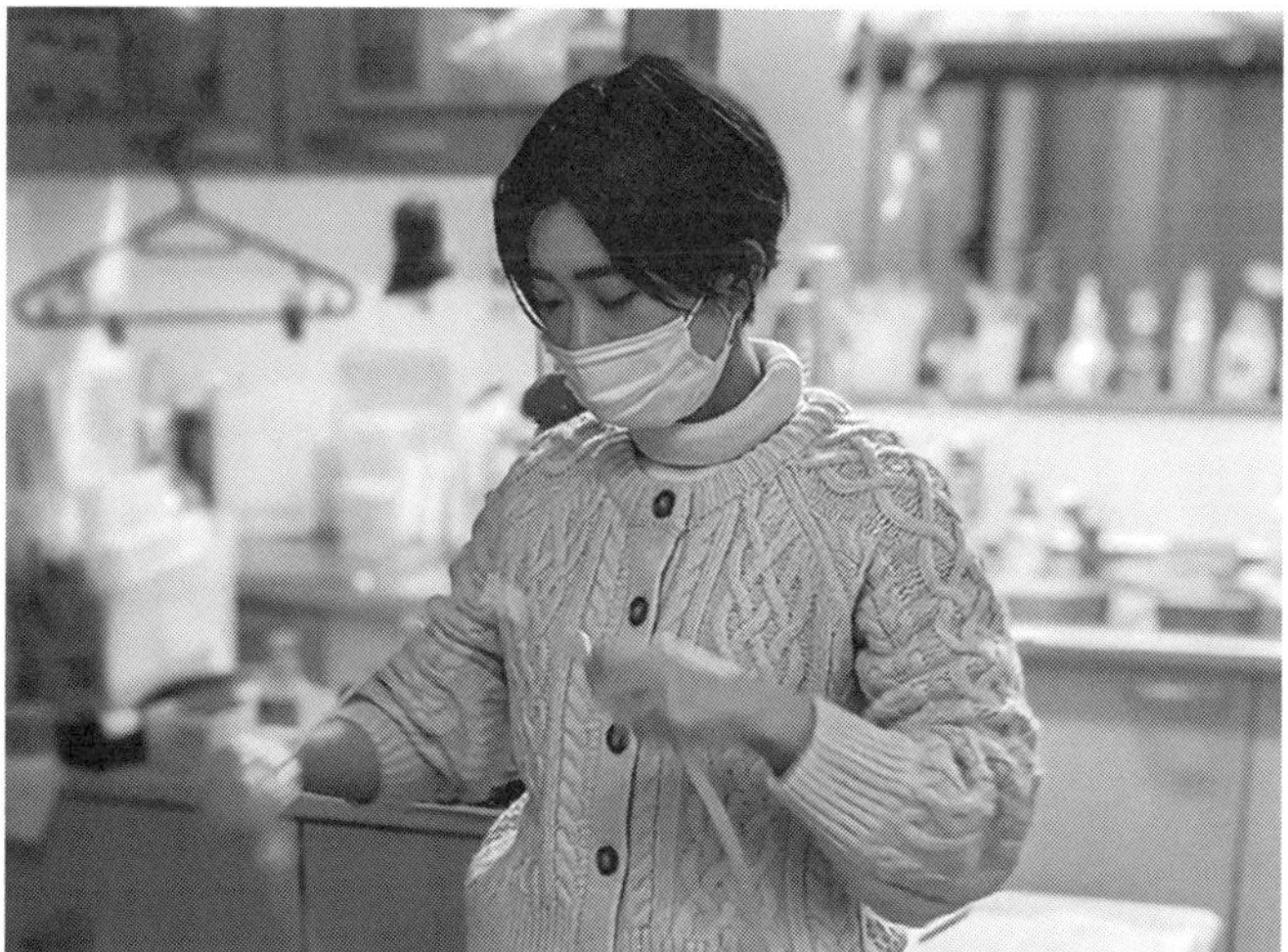

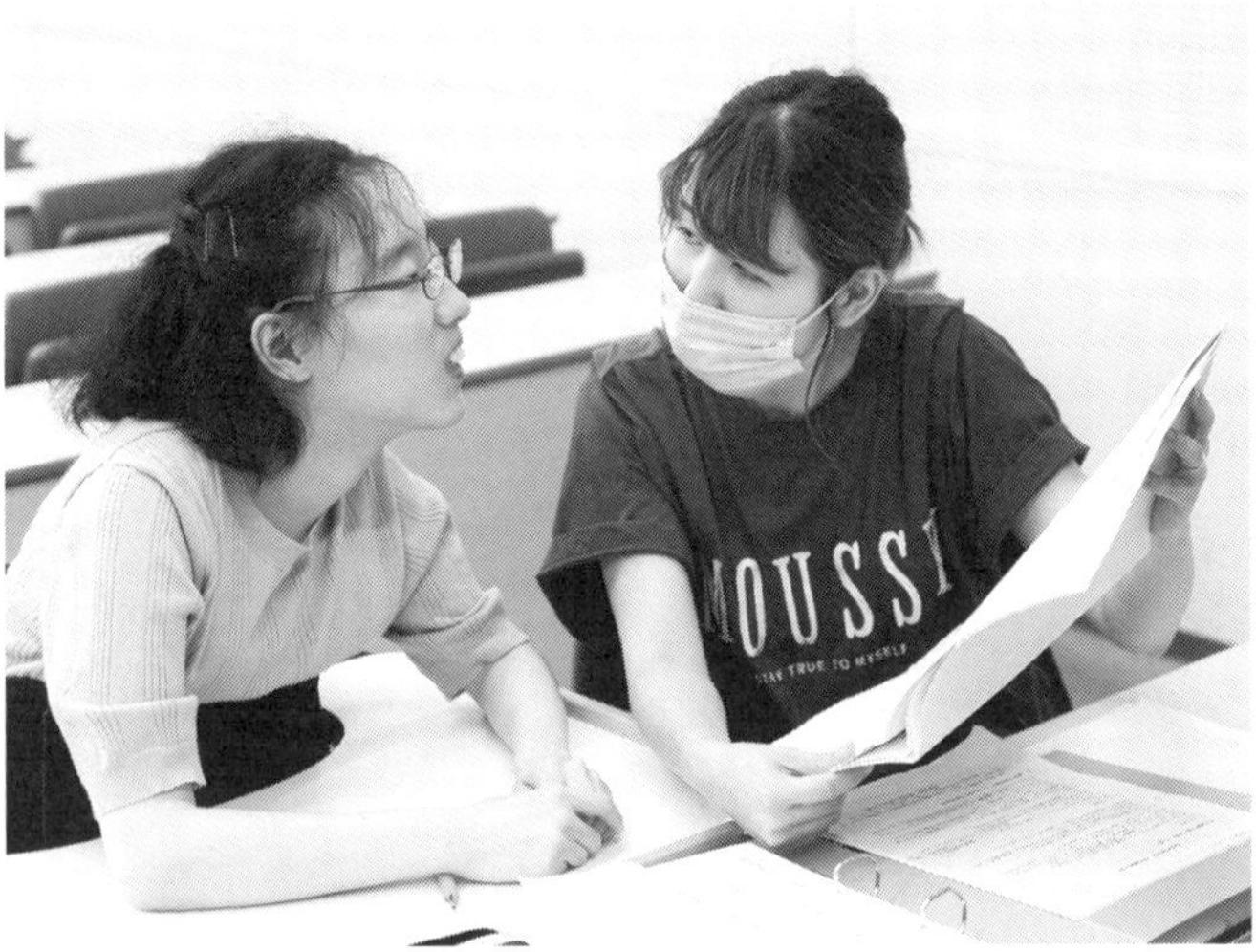

第2章

国の制度ができても
サービスが受けられない
働き手不足の重度訪問介護

ボランティアが重度障害者の在宅介護を支えた時代があった

私は2003年に要求者組合の事務局長を務めるようになりましたが、そこでの活動こそが重度障害者の地域生活権の獲得を目指す運動でした。2006年に成立することになる「障害者自立支援法」は障害者たちの手に主権を取り戻し、その人らしい生き方を保障する法律として期待されていました。

結論からいうと当事者の要求とはかなり違う形で同年4月に一部施行、10月からは全面施行になりました。利用者負担の点などでの課題は残しつつも、一応これによって制度上は、重度障害者は重度訪問介護サービスをはじめとする自立のための公的支援を利用できるようになったのです。

この障害者の地域での自立生活が成立するようになるまでには、さまざまな人の物語がありました。

家族が介護を抱え込まないで第三者によるケアが受けられれば、家族に迷惑を掛けたくないという問題の多くは解決することができます。もっといえば24時間体制のケアさえ確保できれば、重度障害者でも一人暮らしが可能です。

実は１９７０年代にこれをやった人がいるのです。自立生活運動の父と呼ばれるアメリカ人のエド・ロバーツ氏（１９３９～１９９５年）です。

ロバーツ氏は14歳のときにポリオに感染し、後遺症で重度障害を負いました。四肢が不自由になり呼吸器にも障害があり、日中は人工呼吸器を使用していました。肺活量が弱かったので小さな声だったものの話すことはできました。移動は電動車いすを使って行い、それ以外のすべては介助が必要な身体状態でした。

ロバーツ氏は１９６２年、23歳でカリフォルニア大学バークレー校に入学します。同校が重度障害をもった学生を受け入れるのは初めてのことで、彼は自分で環境改善活動をしながら仲間を集め、仲間の協力を得ながら大学生活を送ったのです。大学側もサービス体制をつくって障害のある学生を援助するようになりました。彼が先例をつくったことで、同校には２～３年のうちに重度障害の学生が12人まで増えました。

さらにロバーツ氏は１９７２年、数人のボランティア仲間とともにアパートを借り、自立生活を始めます。これまでは病院で介護を受けていましたが、アパートではボランティアが交代制で彼の生活一切の介護を担うことになります。それが並大抵の大変さではなかったことは想像に難くありません。これが今につながる自立生活センター（ＣＩＬ）の始まりです。

ＣＩＬとは障害者による障害者のための組織です。組織運営は障害者によって行われ、地域で暮らしたい障害者に対して自立生活プログラムや介助サービスを提供します。

１９８１年の国際障害者年、自立生活の考え方が日本にも広まった

日本では府中療育センター闘争をきっかけに地域へ出て暮らし始めた人たちがいます。また、東京や大阪といった大都市だけでなく、地方の小都市でも同様のケースが出始め

ました。

1981年（国際障害者年）にはエド・ロバーツ氏が来日し、自立生活運動についての講演が行われました。これに端を発して、多数の自立生活運動の活動家たちが全国で講演をするようになり、少しずつ障害者の自立生活が知られるようになっていきます。

これまで日本の障害者運動は行政や社会に対して訴える活動が中心で、当事者が福祉サービスを提供するという視点はあまり意識されてきませんでした。その点でロバーツ氏が設立したＣＩＬの取り組みは革命的であり、日本の障害者たちに新しい眼を開かせるきっかけになったのでした。

日本のＣＩＬ設立は、1986年6月の東京・八王子のヒューマンケア協会の発足が第一号です。

重度障害者にとっての「自立」とは何か

これまで何度も「自立」という言葉を使ってきましたが、そもそも重度障害者にとっての「自立」は一般的な自立の意味とは異なります。

例えば足を骨折して松葉杖を使っていた人が、怪我が治って杖の補助なしに歩けるようになったり、ひとりで靴紐が結べず人に結んでもらっていた人が、練習して自分で結べるようになったりしたとき、歩行や紐結びで「自立」したということになります。

しかし重度の脊髄損傷で首から下が動かない人に置き換えて考えてみたとき、足を鍛えて車いすなしで自立歩行できるようになりなさいということは、自立への道ではありません。ほかの力を借りないで自分だけの力でやっていくという意味で自立をとらえる限り、その人は膨大な時間やエネルギーを使っても、自立の状態にはたどり着けないのです。

ロバーツ氏は1981年の来日時に、講演でこんな体験談を語っています。

「私はかつてリハビリテーションの失敗例とみなされてきた。私は歩けないので、普通の人間ではない。私はできるだけ『普通の人間』になろうとしてリハビリテーションを受けるうちに、いろいろなことを知った。私のエネルギー（精力）には限界がある。しかし、作業療法士は自分で食事をするべきだと判断し、精巧な装置を使って食事ができるようになった。しかし、食事に2時間半の時間が掛かり、それだけで疲れ果ててしまった」

障害の程度や種類によっては機能獲得や機能回復のリハビリテーションは有効ですが、ロバーツ氏のような重度障害者の場合、その努力は報われないことが多いのです。

この経験からロバーツ氏は自分で食事をするのは諦めて、自分のエネルギーを学校に通うことに使おうと決めました。そして、彼は「自立とは、自分の人生に自分で責任をとる方法を知ること」と言っています。

具体的には「衣服の着脱に1時間を要する者がいるとすれば、その人に対して介護人を派遣して10分で着脱を終わらせ、残りの50分をより人間的に有意義な時間をつくり出していくようにする」と説明しています。

この考え方こそ、重度障害者にとっての自立です。他者の介護を受けながらでも、人としての尊厳と自由を手に入れ、その人らしく生きることができれば、それは自立なのです。自分のできないことをどう補えば生活できるのかが、重度障害者にとっての自立のテーマだと理解することが大事です。

この自立という考え方は自己決定権と切り離せません。ほかから干渉されることなく、自分で自分のことを自由に決める権利をもつということは、「リスクを負う自由」でもあるということです。障害者はなるべく危険な場所や場面に遭遇しないように周りから守られてきた経緯がありますが、それは障害者にとっては生活経験を奪われていることになります。何かに挑戦して失敗するとか、危ない目に遭うという経験も健常者と同じようにする権利があるのです。

地域の一員として健常者に交じって暮らすことは、障害者にとっては困難や危険がいっぱいですが、社会の無理解に傷ついたり、困難にぶつかったりすることも含めて〝本物の自立〟だというふうに考えます。

ボランティアから労働へ
障害者自立生活運動が活発化

さて、重度障害者たちが地域で暮らす例が1970年代前半から少しずつ見られるようになってきましたが、それらはごく一部の障害者に限られていました。リスクを負う自由をあえて選ぶ勇気のある障害者は決して多くありませんでした。

というのも、重度障害者が安心して住めるようなバリアフリーの住宅は当時はほとんどありませんでした。それどころか、一般的な賃貸住宅でも障害者ということで入居を断られてしまうことが多かったのです。しかたなく健常者の友人などの名前で契約するケースが散見されました。

いちばん大変だったのが介護者の確保です。当時は重度障害者に対応できる介護スタッフを派遣してくれるような人材センターはなかったため、自分たちでボランティアを募るしかありませんでした。

日常生活全般の介護や見守りが必要なことが多い重度障害者にとって、十分な人数のボランティアでシフトを組んでいかないと介護の空白時間が生まれてしまいます。人によっては15分おきの喀痰吸引が必要な人や、体調が急変するリスクから常に見守りが必要な人がいて、ちょっとした隙間の時間が命取りになることもあります。

たいていは本人の友人・知人に頼むか、近隣の大学や駅などに行ってビラを配ってボランティアに興味のある人が現れるのを待つという、地道な手法で確保するしかありません。ただでさえ無理のきかない体や心で、街頭に立ってボランティア集めをすることは非常にハードルの高いことです。

それにせっかく見つかったボランティアでも、実際に介助をしてみると思っていたのと違ったといって長続きしない人もいます。人間なので相性もあるし、介護に対するモチベーション、責任感の違いなどもあります。

常に交代要員の確保に不安を抱きながら、彼らは自立生活をしていました。人の善意に頼るだけではリスクが高いということがだんだんと分かってきて、1980年代に入ってからは介護人材の派遣が必要だという流れになっていきました。ボランティアから有償労働へのシフトがテーマとなってきたのです。そこから障害者による公的介護保障を求める運動が一気に喚起されていきました。

全国公的介護保障要求者組合のメンバーとして活動のど真ん中へ

私がいた要求者組合は1988年に結成されました。前身は1970年代から各地で運動をしてきた「在宅障害者の保障を考える会」(在障会)で、その中心メンバーによって障害当事者の利益のための組合として設立されたものです。

設立当時は「1日4時間以上の介護が必要な者は施設入所が望ましい」という国の方針で、常時介護が必要な人が地域で暮らすことは想定されていませんでした。要求者組合では、希望する人すべてが地域に住めることを基本に、全国的な制度の獲得と拡大、当事者の権利擁護活動などを行いました。

1993(平成5)年	**障害者基本法**の成立
1997(平成9)年	介護保険法の成立(2000年4月1日施行)
2000〜 2003(平成15)年	**支援費制度**※の導入 ※障害者自らがサービスを選び、契約に基づいて利用する制度
2005(平成17)年	**障害者自立支援法**の成立
2011(平成23)年	**障害者基本法**の改正 障害者虐待防止法の成立
2012(平成24)年	障害者自立支援法の改正による **障害者総合支援法**の成立
2016(平成28)年	**障害者総合支援法** **児童福祉法** ｝の改正(一部、施行)
2018(平成30)年	**障害者総合支援法** **児童福祉法** ｝の改正法　完全施行

出典情報:『最新版　図解　障害者総合支援法早わかりガイド』より作成

第2章
国の制度ができてもサービスが受けられない
働き手不足の重度訪問介護

■ 障害者福祉関連法の歩み

+福祉三方　＊福祉六法

1946(昭和21)年	日本国憲法の公布 憲法第25条(生存権等) ①すべて国民は、健康で文化的な最低限度の生活を営む権利を有する。 ②国は、すべての生活部面について、社会福祉、社会保障及び公衆衛生の向上及び増進に努めなければならない。 ⬇ **社会福祉のスタート地点** 救護法の改正による生活保護法の成立
1947(昭和22)年	**児童福祉法**+＊の成立
1949(昭和24)年	精神衛生法(現・精神保健福祉法)の成立 **身体障害者福祉法+＊の成立**
1950(昭和25)年	**生活保護法+＊の成立**
1951(昭和26)年	社会福祉事業法の成立
1958(昭和33)年	職業訓練法の成立 国民健康保険法の成立
1960(昭和35)年	精神薄弱者福祉法の成立(現・知的障害者福祉法＊) 身体障害者雇用促進法の成立(現・障害者雇用促進法)
1963(昭和38)年	**老人福祉法＊**の成立
1964(昭和39)年	母子福祉法の成立(現・母子及び父子並びに寡婦福祉法＊)
1969(昭和44)年	職業訓練法の全面改正
1970(昭和45)年	心身障害者対策基本法の成立(現・障害者基本法)
1981(昭和56)年	国際障害者年(IYDP) **ノーマライゼーション**※の理念が普及 ※障害の有無で区別することなく、平等に生活する社会を実現する考え方
1982(昭和57)年	国連総会「障害者に関する世界行動計画」「障害者に関する世界行動計画の実施」採択 「国連障害者の10年」(1983～1992年)の宣言

国に先駆けて各自治体では独自に制度をつくり、障害者介護人材派遣事業を行うところも増え始めていましたが、ここで問題となったのがヘルパーの質と資格制度の問題です。このとき自薦式の登録ヘルパー制度をとっていたのですが、これは障害者がこの人にヘルパーをお願いしたいと推薦することでヘルパーとして登録され、その人の専属ヘルパーになるというシステムでした。

つまり、公的なヘルパーの資格をもたない人も実技ができれば登録ヘルパーになれたのです。高齢者介護において、原則として身体介護はヘルパー2級以上の資格が必要としてきた国にとっては問題視せざるを得ません。

その一方で、ヘルパー2級以上の資格があっても必ずしも障害者本人にとって良い介護者とは限らないという現実問題があります。介護を受ける障害当事者の側にしてみれば、資格の有無よりもヘルパーの人間性や実用的なスキルが大事なのであって、OJT（オン・ザ・ジョブ・トレーニング）で学んでくれればいいという考えの人が大半でした。

ヘルパーが有資格者に限られると、介護派遣事業そのものが立ち行かなくなり、介護難民が増えてしまう事態が予測されます。これは看過できることではありません。その現状を強く国に訴えることで、一応の妥協点を引き出すことに成功します。無資格の介護者でも登録を認めたうえで、ヘルパー養成研修（20時間、3日間で取得可）を受けてもらい、最低3級の資格が取れれば良しとなったのでした。

ほかにも制度的な介護保障や、道路や建物のバリアフリー化、障害者差別をなくす啓発などさまざまな活動を行い、少しずつ障害者の自立生活を前進させていきました。そうしたなか、1993年に成立したのが「障害者基本法」です。

障害者基本法では第一条に「障害者の自立と社会、経済、文化その他あらゆる分野の活動への参加を促進すること」がはっきりと規定されました。また、精神障害者を障害者の範疇に入れたことも大きな一歩です。

2003年に障害者福祉制度が半世紀ぶりに大改革され、障害者支援費制度がスタートしましたが、これもさまざまな要因があって早々に行き詰まってしまいます。

支援費制度の何が問題だったかというと、もともと利用サービス時間に上限はないとされていたものが、いつの間にか施行直前になって上限を設ける方向で国が検討を始めた点です。また身体、知的、精神という障害種別ごとに縦割りでサービスが提供されるため、使いづらい仕組みとなっていました。そして、精神障害者は支援費制度の対象外でした。さらに、居宅系サービスのための予算が施設系サービスにあてられた予算の1／5ほどしかなく、国が掲げていた「施設中心から在宅重視へ」というスローガンを裏切るものでした。

私がこの業界に飛び込んだのは、この支援費制度の改善に要求者組合が取り組んでいた頃でした。私たちは厚労大臣に要望書を提出したり、厚生労働省に直接乗り込んで直談判を行ったり、街中でデモ活動やビラ配りをしたりなどの抗議運動に出ました。私も事務局として矢面に立って活動をしました。

私はそのとき、福祉の世界に入って間もない30代前半の若造でしたが、障害当事者運動のリーダーたちから教えを請うなどして積極的に勉強しました。自己の尊厳を回復するために必死で訴える障害当事者運動のリーダーたちの悲壮なまでの姿が、少年時代に憧れた誇りと命をかけてリングで闘うボクサーたちの記憶と重なりました。この人たちを全力でサポートし、自分たちの声を必ずや国に届けて社会を変えるんだという確かな使命感が芽生えていました。

障害者支援費制度の問題点を解決するものとして、2006年4月に施行されたのが「障害者自立支援法（現在の障害者総合支援法）」です。

自立支援法では、サービス利用の仕組みの一元化や支給決定手続きの明確化、就労支援の強化、精神障害者も支援の対象に含めることなどの改善が行われましたが、改悪もありました。その最たるものが利用者負担の仕組みです。

支援費制度では所得に応じてサービス利用者負担額が変わる応能負担でしたが、自立支援法では利用したサービスの量に応じた応益負担になりました。重度障害者は生活保護を受けている人が多いので、応能負担のときは実質的な負担額がゼロ円もしくは低い額で済んでいたのです。それに対して、応益負担は必要な支援を享受することを「益」とみなして利用料を課す方法のため、支援を受ければ受けただけ負担額が膨らんでいきます。つまり、障害が重いほど利用するサービスが多くなり、負担額が大きくなってしまう仕組みです。「低所得の人に配慮した軽減策を講じてあり、無理のない負担でサービスが利用できる」といっていますが、実態は違いました。利用者負担に喘ぐケースが増えることは明らかで、私たちは利用者負担の仕組みの見直しを強く訴え、それができないのであれば制度の成立そのものを阻止すべきと考えて反対運動を行いました。

私は新田勲さんに常に同行し、厚生労働省に働きかけました。新田さんはほぼ四肢麻痺の身体で、渾身の力を振り絞って、足で文字を書きながら意思を示していました。大体ぎりぎりまで粘り、帰ってくれ、と何人もの警備員に取り囲まれるまで新田さんは一歩も動きません。

帰りに、新田さんが汗でぐしゃぐしゃに濡れたシャツを着替える姿が今も忘れられません。まるで、闘いを終えたあとの、満身創痍のボクサーでした。

社会を変えようともがき、疲弊していく

障害者運動のほか、労働運動やホームレス支援などにも積極的に参加し、もたざる者

たちの連帯と権利回復のための社会運動に邁進していました。労働運動では、非正規労働者や移住労働者を組織し、いくつかの事例を勝利に導きました。法や制度を学び、人権をどう守れるか考え、具体的に自分の手で誰かを助けられるのだというリアリティは大変な喜びでした。

労力のかかる仕事ですが、そこから報酬は得られないので、アルバイトを複数かけもちして生活をなんとかやりくりしました。朝は清掃、昼は介護、夜は家庭教師など、その空き時間をぬって社会運動をするので、休みはほぼありませんでした。

労働運動はときに足のすくむような巨大な組織にも立ち向かっていかなければなりません。必死で勉強し、必死に戦略を練りました。

夢中だったので、疲弊していく自分に気づきませんでした。末期がんで闘病していた父がなくなったのもこのころです。

身を投じた障害者運動では、自分の非力さに打ちのめされるときがありました。国の福祉制度を変える、社会の障害者への無知や無理解をなくすというのは、たとえるなら巨大な象に蟻が向かっていくようなものです。

どれだけ当事者の切実な訴えを、熱意をもって伝えても、役所というのは頑として動きません。また、社会もそうです。いくら私たちが声を大にして訴えても興味を示してくれる人は少なく、わが事として考えてもらうのは難しいことでした。同じ日本でこんなに困っている人がいるというのに、なんと冷たい世の中かと落胆させられました。

だんだんやり場のない怒りが身に溜まっていき、精神的・肉体的なストレスがかかるにつれて、私はお酒でそれを解消するようになっていきました。社会運動の仲間と一緒に愚痴をいいながら飲み、士気を高めるために飲み……ということが続きました。そのうち一人のときも飲むようになり、アルコール依存の状態に陥っていきました。そこに過労が重なり、体を完全に壊してしまいました。私は介護の仕事からも社会運動の最前線からも身を引き、ドロップアウトしてしまいます。

生活保護を受けることになったとき、自分が社会的支援を受ける対象となったことで、障害をもつ仲間の気持ちがより理解できたような気がして、どこかうれしかったのを覚えています。彼らのことは同志だと思っていましたし、おそらく向こうもそう思ってくれていたに違いありませんが、私のなかには健常者であるという負い目があったように思います。健常者である自分はどこまで行っても障害当事者の立場や気持ちは理解できないのではないか、本当の意味での同志にはなれないのではないか……そんなふうに思っていました。

セルフヘルプグループや、回復支援施設に通い、同じ病や境遇にある仲間たちと語り合うことによって、自分の思考や行動の歪みを見直す時間をもちました。そこでは、私の陥りやすい「べき」思考を見直すことになりました。「強くなければならない」「正しくなければならない」という強迫観念から解き放たれて、人に頼ることは恥ずかしいことじゃない、と思えたこの底つき体験が、いまの自分のスタートラインを用意してくれたと思います。

障害をもつ当事者同士が話を聞きあうピア・カウンセリングの日本での第一人者である安積遊歩さんのコミュニティに参加したのも、回復を後押ししました。そのコミュニティでは、自分自身の感情を認め、表現することの大切さを学び、痛みや脆さを抱えながら生きていくことを、肯定的に再評価することができるようになっていきました。自然体の自分と内なるレジリエンスに気づき、「弱さの力」を再発見しました。

病を患ったおかげで私を覆っていた無自覚の鎧のようなものが剥がれたと思います。

毎回セルフヘルプグループのミーティングの最後に、次のフレーズをみんなで朗読しました。

「神様、私にお与えください。自分に変えられないものを受け入れる落ち着きと、変えられるものを変えていく勇気を。そして、二つのものを見分ける賢さを。」

このメッセージは生きる指針として、今でも時折反芻することがあります。

グループホーム勤務で社会復帰、そして介護系ベンチャー企業立ち上げへ

心の鎧が取れると気持ちが楽になり、少しずつこれからのことを考えられるようになりました。社会復帰のために私が選んだのが、認知症のグループホームでの仕事です。障害者運動の激動の日々とは違う、穏やかな時間が流れる世界でした。私はお年寄りとの触れ合いや介護の仕事に癒やされ、だんだんと自信を取り戻していきました。自分でも自分がよみがえっていくのを感じました。

38歳になった頃、働きぶりが評価されたのか、会社から正社員登用の申し出がありました。実は30歳で社会に出てから、38歳のこのときまで私はずっとアルバイトの身分だったのです。独り身でしたし、お金に執着もなかったので、正社員になるという考えもありませんでした。しかし年齢も年齢ですし、せっかくの会社からの申し出だったのでこのまま高齢者介護の仕事に落ちつこうと思い、正社員の話を受け、生活保護からは

脱することができました。

それから1年ほど働いた頃です。同施設の関係者の方が高齢者介護の分野でベンチャー企業を立ち上げる話がもち上がりました。私はその創業メンバーとして手伝ってほしいという誘いを受けたのです。

私は介護現場の仕事が好きで、会社経営や管理業務には全く興味がなかったので本当は断るつもりでした。ところがそんな矢先、事実婚の間柄になっていた妻が交通事故で大怪我を負って一人で生活ができない状態になってしまい、介護士としての収入だけでは彼女を支えていけなくなってしまいました。

彼女と正式に入籍して家族として支えていきたいという想いから、私は思い切ってこの提案を受けることにしたのです。

現場と経営者の意見対立で板挟みに

準備を経て2012年2月、いよいよ介護系ベンチャー企業が設立されました。私は介護事業所の所長として、この事業を通して社会課題に取り組みたいというスタンスでした。

経営陣は「利益を出して会社を大きくしたい」というスタンスでした。「理念」と「実利」を車の両輪とし、両者のバランスをとりながら滑り出しました。

ところが事業が軌道に乗るうち、性急に利益を最大化しようとする経営陣の考え方に現場が違和感を抱くようになっていきました。

現場はただひたすらに目の前にいるクライアントに尽くしたいという思いです。私自身も現場出身です。介護では、採算を取ることとクライアントの意向を優先させることが相反する場面がしばしばあると感じていました。もちろん会社と事業の存続のためには利益を出していかねばなりませんが、かといって目の前で困っているクライアントを見捨てることなどできません。そもそも現場のヘルパーたちは、そんな非情ができるくらいなら福祉の道には入っていない人たちばかりです。

私は経営側の人間でありながら、現場の気持ちも分かるために完全な板挟みになってしまいました。現場からの不平不満を聞いてガス抜きし、なだめて働いてもらう一方で、経営陣には現場の意見を代弁して伝えました。利益を追求して無駄を省きすぎると現場は息が詰まってしまうことや、介護スタッフが辞めてしまうとクライアントが困ることなども話しました。しかし、なかなか前向きには解決していきませんでした。

2014年6月、重度訪問介護事業所を社内に新設

そんななかで私は2014年6月、福祉人としての自身の原点でもある障害者福祉も行いたいと考え、社内に重度訪問介護事業所を立ち上げました。

この決断の背景には、大きく3つの動機があります。1つめは私自身が全国公的介護保障要求者組合時代に多くの障害者を見てきて、彼らの現状を改善するお手伝いがしたいと思ったこと、2つめはそのころ介護保険制度の改正で介護報酬の引き下げなどがあり、高齢者介護事業のみでは利益が出しにくくなっていたこと、3つめは交通事故から復帰した妻が重度訪問介護の仕事を選び、その話を聞いていたことです。

妻はもともと出版社で編集者をしており、第一線の著者と交流して、活躍していました。ところが取材で福島県に行く途中、同乗した車が高速道路で交通事故に巻き込まれたのです。命を失わなかったのが奇跡のような大事故でした。

私は妻を搬送する救急隊員から知らせを受けて福島県の病院に駆けつけました。ベッドに横たわる彼女の顔は包帯で覆われ、体には機械や管がたくさんつながっていました。なんとか一命は取り留めたものの、医師からは元通りの身体に戻るのは難しいかもしれないと言われました。

彼女も、もう家に帰ることも仕事もできず、このまま病院や施設で一生を暮らすことになるのかと思ったと言います。このとき、重度の障害をもつ人が置かれている環境が痛いほどに分かった、とあとになって話してくれました。

妻が搬送されたのは東日本大震災から1年たった福島の救急病院で、原発事故の影響から人手も少なく、地震直後は津波に呑まれた人が運ばれた場所でした。顔が変形するほどの大きな受傷があって、見た目も痛々しかった彼女に接する介護スタッフのしぐさは深い思いやりに満ちていて、このときに介護してくれた一人ひとりの印象をいまも忘れていないそうです。血で固まった髪を丁寧にとかしてくれた、その日が介護初日だというスタッフは手が震えていたと言います。

「桜が咲きましたよ」やっと車いすで移動できるようになったとき、看護師長さんが空の車いすを押して、にこにこしながらやってきました。ケアとはなんとすごい仕事か、と思ったそうです。

彼女はこの負の体験で得たものは一つ、人の痛みが分かるようになったことだと言います。片目に失明の後遺症が出る不安も抱えていた彼女は、激しい競争を勝ち抜く必要のある出版業への復帰に足踏みしていました。そして、私が若いころにのめりこんだ障害者介護の仕事をそばでみていたので、やってみたいと考えたようです。重度訪問介護のアルバイトを始めました。

クライアントは同じように死に向き合った経験をもつ人も多く、彼女はクライアントの存在に励まされて、回復していきました。絆創膏だらけの顔で、脳性麻痺の女の子や頚椎損傷の女性の自宅に行って1対1の介護をするうちに、彼女は少しずつクライアントの人生を知り、自身の話もするようになっていきました。

クライアントの一人にALSの女性がいました。発話はかなわず、文字盤を使ってコミュニケーションをとっていました。あるとき顔の怪我の原因を聞かれて、彼女は交通事故の話をしたそうです。すると女性は顔を歪めて、いたわりの表情で一心に口を動かし話そうとされ、その目からたくさんの涙が溢れ出しました。自身が苦難に立ち向かっている最中の人の深い共感の力に驚いて、その方の存在に強く励まされていったそうです。

重度訪問介護のやりがいを実感している彼女の話を聞いていたちょうどそのころ、お世話になった全国公的介護保障要求者組合委員長の新田 勲さんの訃報が舞い込みました。どうしてこの切迫したニーズに応えないのか?という彼女の問いかけに、一度は卒業したはずの障害福祉の世界にまた回帰してみようか、という思いがわきました。新田さんの弔い合戦のような気持ちでした。

一度粉砕させられた社会の壁という姿なき強敵と闘うために、またバンテージを巻いてグローブを着け、リングにあがったのです。

社会から置き去りにされた人たちの〝隠れたSOS〟の多さに気づく

重度訪問のサービスを始めて半年くらい経った、2015年初頭、ALSの当事者から在宅生活を続けたいので介護に来てもらえないかとの問い合わせが会社に舞い込みました。この依頼を受けたことがきっかけになり、重度障害者からの依頼が大量に来るようになりました。今までサービスを受けたかったけれど提供してくれる事業所がなく、諦めていたという人たちがたくさんいたことを知りました。くすぶっていたニーズが一気に噴き出したのです。

２００６年から始まった「障害者自立支援法」は、改正を経て２０１３年４月に「障害者総合支援法」として生まれ変わっていたのですが、このとき支援対象として「難病等」が新たに加わりました。ＡＬＳや重症筋無力症、筋ジストロフィーなどの病気による進行性の障害を抱えた人もサービスを利用できるようになったことで、重度訪問介護のニーズが高まっていました。しかし、それを提供できる事業者が少なかったために、私たちの事業所に依頼が殺到したのです。

新事業を立ち上げた当初は地道にゆっくりと事業を育てていくつもりだったのですが、方向転換をせざるを得ません。私は重度訪問介護を求めて来る人を断ることは絶対にしたくなかったので、かなう限りすべての依頼に応えていきました。最初はサービスの質、ケア計画うんぬんよりも、とにかくヘルパーをその人のもとに派遣してその場で相談しながらお世話をするという、突貫工事のような状態でした。現場での対応が最優先で、あとから社内体制を大急ぎで整えていったのです。

地方在住のＡＬＳの患者の方が、ヘルパー不足のため、住み慣れたふるさとを出て首都圏移住をしなければならない、とFacebookで悲痛な声をあげていました。全国にサービスを広げる必要を感じたのです。

そうこうしているうちに一気にクライアントの数が増え、高齢者介護事業をしのぐ収益規模になっていきました。２０１９年には43都道府県で約６００人のクライアントを抱えるまでになりました。

制度はあるのにサービスが使えない重度障害者たちがいる

私はこの事業を始めてみて、重度訪問介護制度はできたのに実際には希望しても利用ができないという矛盾が常態化していることを改めて目の当たりにしました。

例えば実際にこんなケースが起きています。宇都宮市に住む70代の夫婦で、8年前に夫がALSを発症しました。現在は寝たきりで動かせるのは眼球と指の一部のみです。最初は妻が在宅で介護をしていましたが、5年前に妻が体調を崩してからは夫は入院生活を送っています。夫はわずかに動く指でメールを打っては妻に送り、妻も毎日病院に会いに行って夫婦のコミュニケーションを楽しんでいました。

ところが、コロナ禍になり、病院での面会が自由にできなくなります。夫のほうも体調が不安定になりメールが送れません。夫の身に何が起きているのかと、妻は不安が募るばかりでした。

これまで夫は妻や家族の負担になりたくないと考え、入院生活を受け入れてきましたが、本当は家に帰りたいという思いをとうとう抑えきれなくなりました。夫の真意を知った妻はもう一度、家族みんなで暮らすため、重度訪問介護の利用を宇都宮市に相談することにしました。

しかし、市は申請すら受け付けてくれませんでした。その理由として市が夫婦に言ったことは、

・夫の退院後の医療態勢が十分につくれるか確認できないため、退院しないほうがいいのではないか
・ショートステイなどほかのサービスを利用してほしい
・介護保険と重度訪問介護制度の併用は市内では前例がない

国の制度なので申請すれば使えると思っていた夫婦は途方に暮れてしまいます。妻は事態を打開するため情報を集めて奔走しました。そして、同じALS当事者で制度利用ができずにいる人たちのサポート活動をしている人物と連絡を取り、力を借りることでどうにか退院することができたのです。

活動家の力を借りて市と交渉をしないと利用できないサービスではなんの意味もありません。私が要求者組合で闘い、仲間とともに勝ち取ってきた障害者の生きる権利がちっとも活かされていない……私はその現実にショックを受け、これはなんとかしなければいけないと思いました。

職場の不満は爆発寸前　独立を決意する

2020年頃になると、経営陣の方針に対する現場の不満はさらに大きなものになっていました。本社と現場の亀裂が日増しに深くなっていたのです。

求められる社会的支援と自社の利益の最大化、時に背反する両者の優先順位が混乱し、組織が根底から揺らいでいきました。このままでは組織が解体して会社が潰れてしまうのではという不安がよぎり、そうなれば多くのクライアントは行き場をなくしてしまいます。経営の中枢を担うものとして、深い責任を感じました。

高齢者はともかく重度訪問介護のクライアントたちは、この会社がなくなったらほかにサービスを代替して提供できる事業所がほとんどありません。私たちが重度訪問介護事業を始めるよりずっと以前から、全国にCILが運営するサービスや民間の小規模事業所はあるのですが、いずれも自分たちの今抱えているクライアントで手一杯で、新たな受け入れの余裕はなさそうでした。

「主権者とは、例外状態において決断するものである」ドイツの政治思想家であるカール・シュミットの言葉です。当事者主権の思想を私に教えてくれた障害当事者運動のリーダーたちの記憶がよみがえりました。介護難民を出さないために、賛同してくれる社員とともに独立することを決意し、前職の経営陣とは話し合いを重ね、それぞれ別の道を歩むという合意に至りました。

第3章

誰もやらないなら自分でやるしかない　重度障害者が自宅で過ごせる介護事業を立ち上げる

2020年8月、重度訪問介護事業で会社設立

私は2020年8月、従業員約700人とともに、妻の実家がある岡山の地で今の会社を創業しました。その時点でクライアントは300人ほどいました。高齢者介護のクライアントもいましたが、ほとんどは重度訪問介護のクライアントです。

従業員がすでにいたので、事業を中断することなくサービス提供が行え、介護の空白時間を出さずに済みました。一瞬でもクライアントを介護難民にしないというのが、この事業ではいちばん大事なことだと思っています。

また、収益面では今いるクライアントを大切にしていけば一定の介護報酬が見込めることと、潜在的ニーズがまだまだあることから、行き詰まるリスクは低いと考えていました。そういう意味ではスムーズな船出であったと思います。

とはいえ、多くの人の人生を背負うプレッシャーは相当なものでした。これからは自

分と家族のことだけでなく、従業員やクライアントの未来も私の肩に掛かっているのです。しかも重度訪問介護でこれだけの規模の株式会社は日本にはほかにありません。お手本のないイノベーターとして、自分で道をつくっていかねばならない重圧を感じました。

それでも介護難民を支援するためには進む以外にありません。ほかの人がやらないなら私がやる！という気持ちでした。私は全身全霊で事業に取り組み、重度訪問介護を取り巻く社会課題を解決することを改めて誓ったのです。

私たちが事業を通して解決しようとしている社会課題とは

重度訪問介護サービスの根拠となる現行の法律「障害者総合支援法」では、基本理念として次のことを宣言しています。

①全ての国民が、障害の有無にかかわらず、等しく基本的人権を享有するかけがえのない個人として尊重されること
②全ての国民が、障害の有無によって分け隔てられることなく、相互に人格と個性を尊重し合いながら共生する社会を実現すること
③全ての障害者及び障害児が可能な限りその身近な場所において必要な日常生活又は社会生活を営むための支援を受けられること
④社会参加の機会が確保されること
⑤どこで誰と生活するかについての選択の機会が確保され、地域社会において他の人々と共生することを妨げられないこと
⑥障害者及び障害児にとって日常生活又は社会生活を営む上で障壁となるような社会における事物、制度、慣行、観念その他一切のものの除去に資すること

厚生労働省「障害福祉サービスの利用について（２０２１年４月版）」

「すべての障害者が必要な自立支援を受けられる」「どこで誰と生活するかは障害者本

人が決められる」「地域社会で生きることを妨げられない」とはっきりと書かれていま す。にもかかわらず、これが守られていません。

私たちが挑む社会課題解決のゴールとは、すべての重度障害者が重度訪問介護サービスを受けられる世の中にすることです。

○重度訪問介護の対象者とは

まず障害者総合支援法における障害者とは「身体障害者、知的障害者、精神障害者、発達障害者、難病患者である18歳以上の人」のことです。これらに該当する人は身体障害者手帳があるなしにかかわらず、必要だと認められた障害福祉サービスを利用できます(18歳未満の障害のある子どもは児童福祉法の対象として位置付けられ、大人とは別のサービス規定になる)。

障害者のなかで重度訪問介護サービスの対象となる人は、重度の障害をもった人たちです。障害者支援区分には非該当、区分1~区分6の6段階があり、数字が大きくなるほど支援の度合いが高くなります。

■ 障害者の定義と重度障害者への支援について

重度訪問介護

○対象者

■重度の肢体不自由者又は重度の知的障害若しくは精神障害により行動上著しい困難を有する者であって、常時介護を要する障害者
→障害支援区分4以上に該当し、次の(一)又は(二)のいずれかに該当する者
(一)二肢以上に麻痺等がある者であって、障害支援区分の認定調査項目のうち「歩行」、「移乗」、「排尿」、「排便」のいずれもが「支援が不要」以外に認定されている者
(二)障害支援区分の認定調査項目のうち行動関連項目等(12項目)の合計点数が10点以上ある者

○サービス内容

居宅における
■入浴、排せつ及び食事等の介護
■調理、洗濯及び掃除等の家事
■その他生活全般にわたる援助
■外出時における移動中の介護

※日常生活に生じる様々な介護の事態に対応するための見守り等の支援を含む。

○主な人員配置

■サービス提供責任者:常勤ヘルパーのうち1名以上
・介護福祉士、実務者研修修了者等
・居宅介護職員初任者研修修了者であって3年以上の実務経験がある者
■ヘルパー:常勤換算2.5人以上
・居宅介護に従事可能な者、重度訪問介護従事者養成研修修了者

出典情報:厚生労働省「緊急措置に措置すべき事項」より作成

重度障害者等包括支援の概要

○対象者

■常時介護を要する障害者等であって、その介護の必要の程度が著しく高い者
→障害支援区分6であって、意思疎通を図ることに著しい支障がある者であって、下記いずれかに該当する者

類型		状態像
重度訪問介護の対象であって、四肢すべてに麻痺等があり、寝たきり状態にある障害者のうち、右のいずれかに該当する者	人工呼吸器による呼吸管理を行っている身体障害者(**I類型**)	・筋ジストロフィー ・脊椎損傷　・ALS ・遷延性意識障害　等
	最重度知的障害者(**II類型**)	・重症心身障害者　等
障害支援区分の認定調査項目のうち行動関連項目等(12項目)の合計点数が10点以上である者(**III類型**)		・強度行動障害　等

○サービス内容

■訪問系サービス(重度訪問介護等)や通所サービス(生活介護、短期入所等)等を組み合わせて、包括的に提供

○主な人員配置

■サービス提供責任者:1人以上(1人以上は常勤)(下記のいずれにも該当)
・相談支援専門員の資格を有する者
・重度障害者等包括支援対象者の直接処遇に3年以上従事した者

出典情報:厚生労働省「重度障害者等包括支援に係る報酬・基準について」より作成

重度訪問介護の対象者は区分4以上で、二肢以上に麻痺があるなどの要件を満たした人です。さらに必要な支援の程度が高く、意思疎通が難しいなどの困難がある人は重度障害者包括支援の対象となります。重度障害者包括支援とは重度訪問介護や通所サービスなど複数の障害福祉サービスを組み合わせて包括的に提供する制度です。詳しい要件やサービス内容は右ページのとおりです。

重度訪問介護難民が生まれてしまう5大要因

重度訪問介護サービスがスムーズに受けられない要因はいくつもあり、それぞれ複雑に絡み合っています。大きい要因としては5つあります。

◯自宅で暮らせると思っていない当事者が多い

重度障害者たちは、在宅では家族の介護負担が重すぎるため、施設で暮らすことが望ましいとされてきた歴史があります。長くそうした歴史が続いたために、重度障害者は施設で暮らすものという固定観念が人々のなかに根付いてしまいました。

戦後の歩みのなかで社会における障害者のあり方も大きく変わってきたのですが、今でもこの固定観念が強すぎるあまり、重度障害者も在宅生活ができるという可能性に気づけない人がいます。あるいは気づいていても、在宅生活をかなえた人たちは自分より障害が軽いのだろうと考えて、最重度の自分は例外に違いないと思い込んでいる人もいます。

つまり、当事者のなかに自分は社会に受け入れてもらえないという諦めの気持ちがあって、地域で暮らすことを選択肢から外してしまう人が多いのです。本当はそうではなく、希望すれば在宅生活は誰もが可能なのだという正しい情報を、私もサービス提供事業者としてもっと周知していかねばならないと思っています。

◯制度そのものの認知度が低い

1981年の国際障害者年でノーマライゼーションの理念（障害の有無で区分するこ

となく、平等に生活する社会を実現する考え方）が広がり、1993年にそれを明文化した障害者基本法がつくられて、2003年から支援費制度が始まりました。少なくとも今から20年前には、障害者自らがサービスを選んで利用する制度ができていたのです。しかしながら、そのことを知らない人があまりにも多くいます。

障害当事者のなかにも制度のことを知らない人が少なくありません。特に中途障害者はずっと健常者として生きてきて、病気や事故によって途中から障害者になっているために、必要な情報を得るのに苦労するケースが多くあります。障害者福祉はまだまだマイノリティの世界なので、自分から情報を取りにいかないと正しい情報にアクセスできないことが多いのです。

病院や施設で働く社会福祉士などの相談員が、障害者やその家族に向けて重度訪問介護に関する情報を提供できればよいのですが、相談員自身がサービスについて知らない、などのケースも少なくありません。

制度利用の可否を決定する自治体においても、そもそも知らなかったり、誤解したりしている職員がいます。役所で関わる福祉制度はたくさんあり、それぞれの規定が複雑なこともあって、福祉課の職員であってもすべての制度を詳しく理解しているとは限りません。その結果、窓口に相談しに行っても本来なら利用できるはずの制度やサービスを紹介してもらえなかったり、申請を受け付けてもらえなかったりといった誤った対応をされるケースは珍しくありません。

20年も経っているのに、制度の存在そのものが知られていない、誤解されているという事態には強い危機感を覚えます。存在が知られなければないのと同じだからです。このままでは当事者たちが社会運動を通して、血と汗と涙を流して勝ち取った制度が形骸化してしまう恐れもあります。その岐路に今、私たちは立っているのです。

◯自治体の財政負担が大きい

重度訪問介護サービス利用費は国が1／2、都道府県が1／4、市町村が1／4の割合で負担するのが原則となっています。基準を超えた分については市町村負担になります。自己負担は障害者自身が低所得なら無料、所得が多い場合は月3万7200円を上限として1割負担です。

自治体が費用のほとんどを負担する理由は、法律で「障害者が日常生活するのに必要なサービスを提供する責務」が課されているからです。

とはいえ、財政面で余裕のある自治体というのはほとんどありません。地方の自治体や小さな自治体ほど財政面に余裕がないことが多く、重度訪問介護サービスの利用負担が大きくのしかかってきます。重度訪問介護は長時間の利用になるので、利用者が1人増えるだけで財政への影響が大きいのです。限られた予算のなかで、1人の先例をつくると次々に希望者が押し寄せる不安もあるようです。

そのため、なるべく利用してほしくない、ほかの負担が少ないサービスを使ってほしいという心理が働きます。実際に自治体からデイサービスでなんとかならないか、ショートステイではダメかといわれるケースが起きています。

これは自治体が抱える課題の優先順位の問題です。どの自治体も少子化対策や子育て支援、医療費や社会保障費の問題、中小企業支援などさまざまな課題や施策があり、それらに優先順位をつけながら限られた予算をやりくりしています。

このとき重度訪問介護の優先順位はなかなか上位に来ません。なぜなら自治体は困っている人が多い目立つ課題から着手して、大勢を救おうとする傾向があるからです。重度訪問介護が必要な人の数と、子育て支援が必要な家庭の数を比べれば、自ずと後者の優先順位が高くなってしまいがちなのです。

また、大きな声で訴える人にも対応が偏りがちです。重度障害者の多くは行政へ声を届けたくても、身体的・環境的に届けにくい人たちなので、社会的に影響力の大きい人たちより注目してもらえません。

どの課題も大事であることはいうまでもありませんが、厳しい眼で予算編成を見直せば、税金の無駄遣いをなくすなどして節約する余地はあるように思います。

重度訪問介護は命に関わる問題です。大げさではなく、介護が受けられないことで失われる命が実際にあるのです。例えば喀痰吸引が必要な人は、ほんの少し目を離した間に気管が詰まり、容体が急変することが普通にあります。いつ痙攣やてんかん発作が起こるか分からない人もいます。強度行動障害の人は暴れて自傷他害に至ることも珍しくありません。

重度訪問介護は最も緊急性の高い課題であり、今すぐ解決されなければならない問題だということです。該当者が地域にたった一人であっても、困難の深刻度が高ければその人からまず支援されるべきであり、それが本当の福祉だと思うのです。

いちばん困っている人を今すぐ助けるという福祉の本質に立ち返り、すべての自治体で実践されてほしいというのが私の悲願です。

◯自治体ごとに熱意の差がある

自治体の予算の問題だけでなく、熱意の問題もあります。

例えば重度訪問介護サービスを利用したいと伝えても、うちの地域では前例がないから難しい、といって渋られてしまうことがあります。自治体は前例主義を取ることが多いので、初めてのケースはとかくハードルが高くなりがちです。

こういうとき、職員のなかに障害者問題に理解や熱意のある人がいると、上に掛け合って予算を取ってきてくれたり、役所内の制度利用の仕組みをつくって次の事例からはスムーズに申請が通るようにしたり、といった働きをしてくれます。地方の小さな自治体でも少ない予算のなかから重度訪問介護のための財源を確保しているところがあるのです。

しかし、多くの自治体ではそうはいきません。私の事業は自治体の理解と協力がなければ成り立たない事業なので、いかに自治体と信頼関係を築けるか、自治体に味方になってもらえるかが今後の課題だと考えています。

◯サービス提供のための事業者・人材が少ない

重度訪問介護サービスを提供できる事業所や、介護人材養成のための研修事業所が少ないことも大きな課題です。認知度が低いということに加えて、運営にも現場にも、その他の介護分野とは違った、特別なスキルや経験値が求められるので、一言でいえば大変です。そこをやる覚悟ができるかが、参入の障壁になっています。

重度障害者の方は個々別々の障害特性があり、その人によってケアの内容が全く違います。個別の事例において、学習し、スキルを磨くことが重要となります。

また、介護に加えて医療的ケアが必要なクライアントもいます。自発呼吸が困難な場合に人工呼吸器を装着したり、口から食事が摂れない場合に経管栄養（胃ろうなど）をしたりするケースでは、専門的な技術を学んだ介護者を育成しなければなりません。そのための研修事業所も不足しています。

重度訪問介護サービスの需要と供給のバランス

実際にどのくらい事業所が足りていないか、重度訪問介護における需要と供給のバランスについて公の統計でもう少し詳しく確認してみると、厚生労働省「令和2年社会福祉施設等調査の概況」には、重度訪問介護事業所は2万1327事業所で、利用実人員は2万3263人とあります。もう一つの資料、厚生労働省「重度訪問介護に係る報酬・基準について（令和2年）」には、事業所数7321、利用者数1万990（利用者の8割以上が区分6）とあります。

両資料で見比べると、事業所数に約1万4000もの差があります。これはなぜかというと、重度訪問介護事業者として登録している事業所が2万余りあるものの、実働している事業所が7千余りしかないということです。

私は厚生労働省に今の事業所の数では足りないという現状を何度も伝えていますが、そのたびに厚生労働省側は数字上は足りていると回答します。登録事業所の数だけ見れば足りているように見えるのだと思います。しかし、実働できていなければ意味がありません。その地域にサービスを必要とする障害者がいなくて実働していないのなら良いのですが、実際は障害者が利用を依頼しても介護人材がいないので提供できなかったり、重度訪問介護の実績がないので今すぐは無理、といって断られたりするケースが頻発しています。そのようにして利用を断られた人たちが、困って私たちのところに相談に来る例がたくさんあります。

「全国障害者介護保障協議会」事務局の大野直之氏も制度利用の実態について、朝日新聞の取材にこう答えています。

「重度訪問介護サービスは、2006年施行の障害者自立支援法に基づき始まりました。2017年に金沢市で1日24時間の利用が認められたことで、都道府県単位の24時間介護の事例の空白地はなくなり、現在は、全国の利用者約1万人のうち、数百人が24時間の連続介護を受けて地域で暮らしています。都市部が多いですが、離島や山間部、過疎地での例もあります。一方で、全国約1700の市区町村のうち、いまだに9割近くが1日24時間の介護実績がありません。」

実は全国に重度訪問介護の対象者が何人いるのか、サービス利用をしたいのにできない人がどれくらいいるのかなどの実数を調べた公の資料はありません。厚生労働省の事業所は足りているという見解が正しいのならその根拠があるはずだと思い、私自身さまざまな資料を調べてみましたが、核心に迫る資料は見つかりませんでした。

そもそも重度訪問介護難民の実態を調べた直接的なデータがないという事実そのものが、この制度が置き去りにされている何よりの証左であると思うのです。

1都6県の利用格差は最大18倍
利用者ゼロの市区町村が約3割

重度訪問介護は全国的に足りていませんが、比較的受けやすい地域と受けにくい地域があり、地域間に格差があります。

私たちは、重度訪問介護の実態を客観的に調査し、データベース化するための研究チームとしてシンクタンク部門「土屋総研」を設立しました。2022年、関東（1都6県）の全316自治体を対象に「重度訪問介護の地域格差に関する実態調査」を実施しました。（実施期間は2022年8月12日～10月3日）

調査内容は、関東の各自治体における重度訪問介護の利用人数や支給時間、サービス提供が可能な登録事業者数です。可能な限りヒアリングし、取得できない情報に関してはホームページ上で公表されている福祉計画などのデータを用いて調べました。

その結果、分かってきたのが次の3点です。

・利用人数の地域格差

全体のうち「利用者がいない」市区町村は、約3割（31・1％）ありました。「人口あたりの重度訪問介護利用率（重度訪問介護利用者数÷都道府県人口）」に注目すると、最も高い東京都（0・025％）と最も低い栃木県（0・001％）の差が18・6倍にもなりました。

・支給時間の地域格差

「一人当たりの支給時間／月」が「50時間未満」の市区町村が4割以上（43・3％）あります。最も高い東京都と最も低い茨城県の格差は、平均値で2・3倍、中央値で8・8倍になりました。

・登録事業者数の地域格差

全体のうち「利用者数よりも登録事業者数のほうが多い」市区町村が76・1％ある一方で、登録事業者数が多い地域ほど、その地域の利用者数が多いかという分析では、そうとはいい切れない結果となりました。つまり相関性は見られません。

■ 地域格差の実態

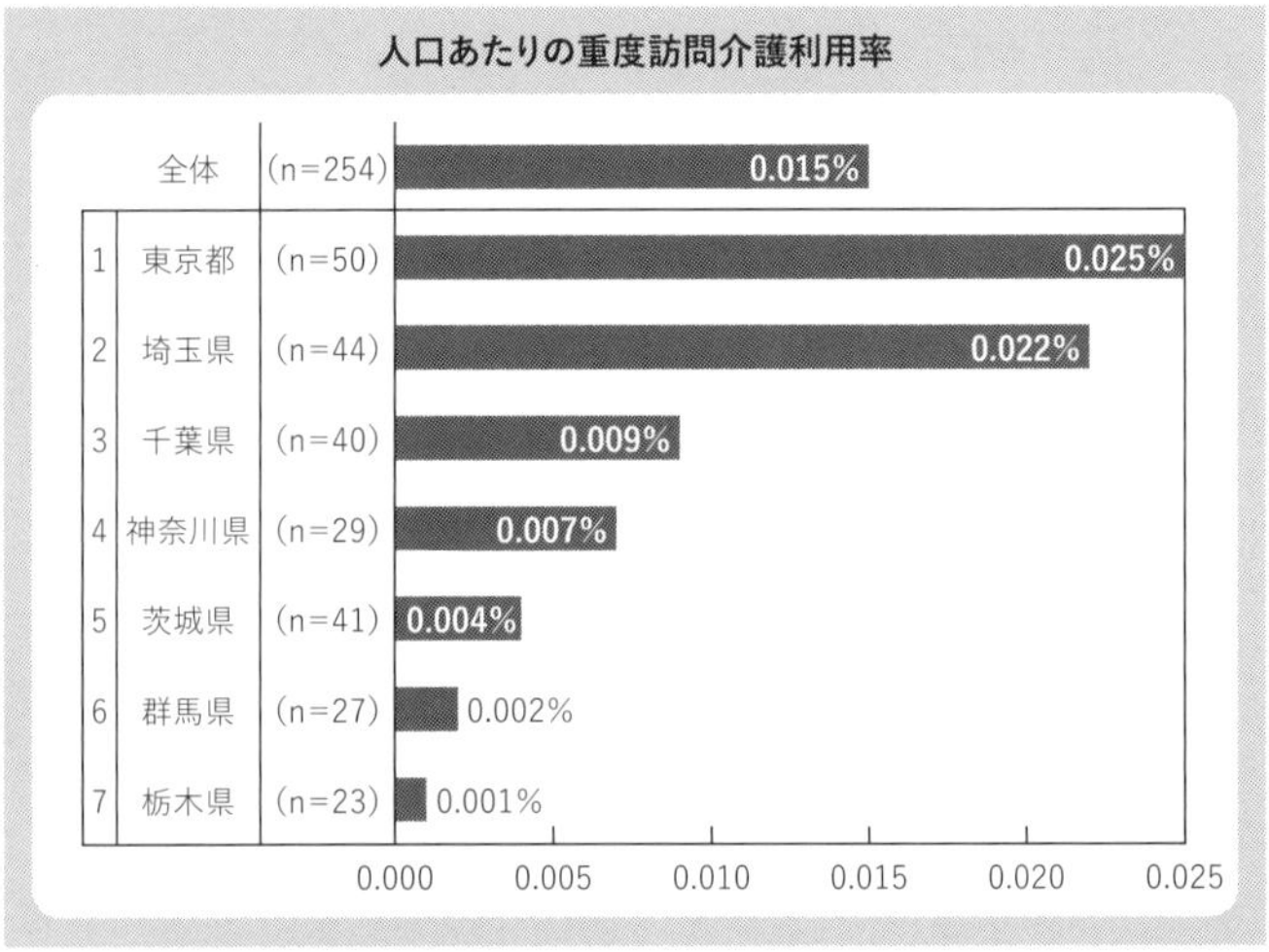
人口あたりの重度訪問介護利用率
全体 (n=254) 0.015%
1 東京都 (n=50) 0.025%
2 埼玉県 (n=44) 0.022%
3 千葉県 (n=40) 0.009%
4 神奈川県 (n=29) 0.007%
5 茨城県 (n=41) 0.004%
6 群馬県 (n=27) 0.002%
7 栃木県 (n=23) 0.001%
0.000 0.005 0.010 0.015 0.020 0.025

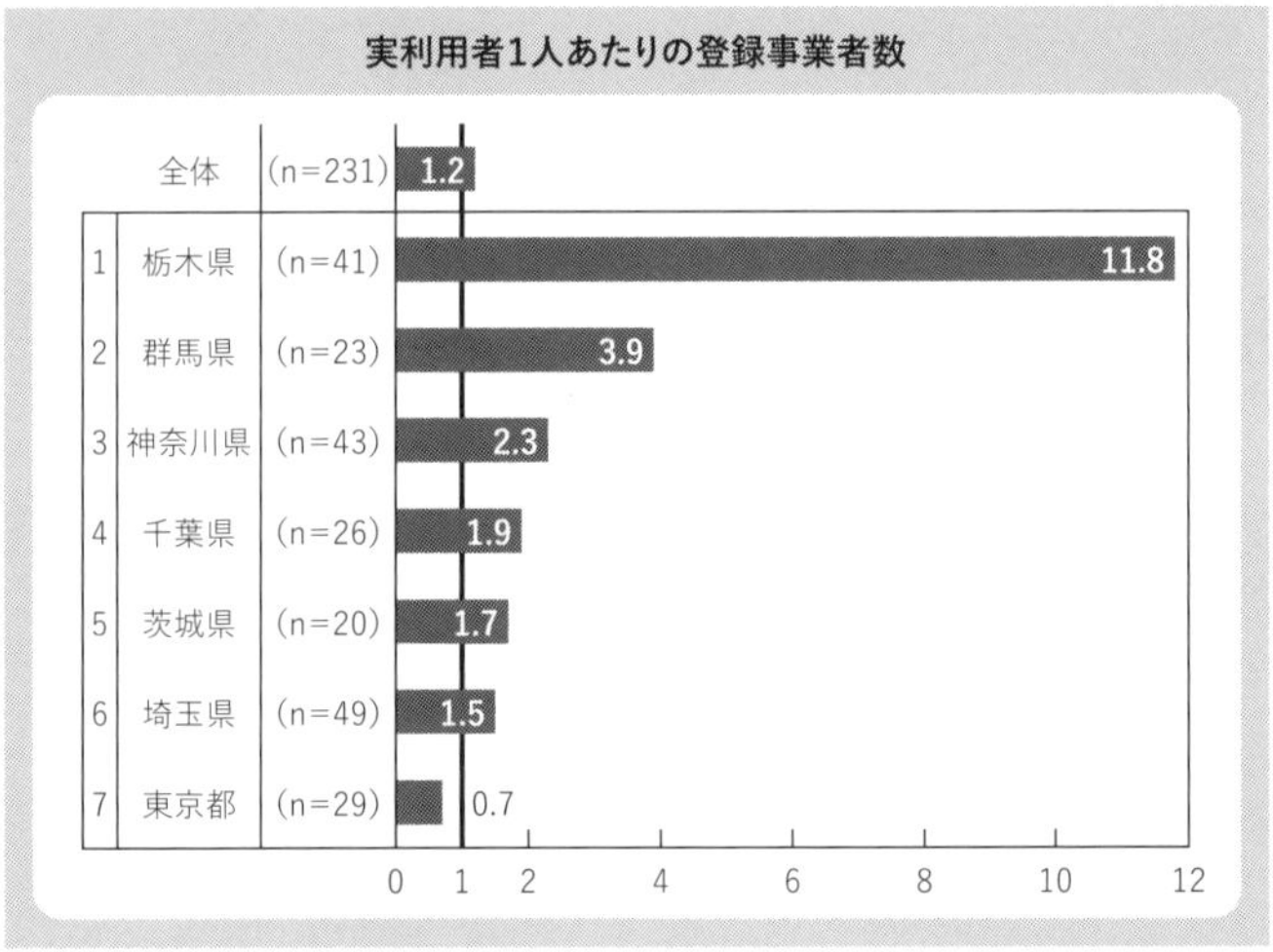
実利用者1人あたりの登録事業者数
全体 (n=231) 1.2
1 栃木県 (n=41) 11.8
2 群馬県 (n=23) 3.9
3 神奈川県 (n=43) 2.3
4 千葉県 (n=26) 1.9
5 茨城県 (n=20) 1.7
6 埼玉県 (n=49) 1.5
7 東京都 (n=29) 0.7
0 1 2 4 6 8 10 12

土屋総研調べ（2022年）

このことから、登録のみで実働していない事業所が多く存在することが明らかになりました。

このように各自治体による利用環境の格差が可視化されたのです。もちろん自治体だけに問題があるわけではありません。私たち事業者側の課題、人材不足などの実態もあることは確かです。大事なのは、誰が悪いと責任追及することではなく社会全体で議論を深めながら問題解決をしていくことです。そのためにこれらのデータが貢献できればと考えています。

国連から勧告を受ける

現在、全世界の潮流として、障害者の施設から地域生活への移行が進んでいます。スウェーデンやカナダのような福祉先進国では、障害者一人ずつに専属のパーソナル・アテンダントがついて地域での生活を支える仕組みがあります。

それに比べて、現在の日本では制度はある程度確立したもののサービス提供事業者や担い手が足りず、障害者本人が希望してもサービスを受けることができない地域が多くあります。

2006年に国連では障害者の人権と自由を守るための障害者権利条約が採択され、日本も2014年に批准しています。その条約に基づいて2022年8月にスイスのジュネーブで会議が開催され、日本政府の取り組みに対して、総括所見が公表されました。多くの取り組みについて一定の評価はされたものの、障害者権利条約19条に定められた「自立した生活および地域生活への包容」というまさに脱施設化についての条文に対する取り組みが立ち遅れている、と改善勧告を受けました。

2022年10月6日の福祉新聞は、先日、国連障害者権利委員会副委員長のヨナス・ラスカス氏が来日し、衆議院第2議員会館での講演で「日本に脱施設化を勧告したが、自然には実現できないだろう。はっきりとした戦略が必要だ」と苦言を呈し、脱施設化や分離教育（障害児の教育を一般児童と分ける）の廃止に向けて、障害者自身が政策決定の過程に参加することが重要だ、と指摘したと報じました。

ラスカス氏の来日は、日本の障害者福祉が国連の障害者権利条約に基づいているかを審査した結果を伝えるためのもので、要するに日本は障害者福祉の落第点を取ってしまったということです。

勧告に法的拘束力はありませんが、ここまではっきり勧告された以上、日本政府は対応を迫られることになるはずです。これを契機として重度訪問介護の問題も解決へ近づくのではないかと、私も期待して見守っています。

前向きな改善が行われそうだとはいえ、今から政府が戦略を立てて実現するまでには、おそらく年単位での時間が掛かると考えられます。その間にも行き場を失くした重度訪問介護難民が出てきてしまいます。今すぐ手を打たねばなりません。制度は後追いでもいいから、私たちは目の前で困っている人をなんとか支援できないか、常に制度の壁との間で葛藤しています。

急ピッチでの事業所開設と介護スタッフの増員

介護サービスを提供するためには、各地に拠点となる事業所を構える必要があります。２０２０年８月の本社開業時点で、事業所は全国に８カ所ありましたが、私たちは急ピッチで事業所を増やしていきました。

ただし、介護人材は誰でも良いというわけにはいきません。介護業界はただでさえ人材不足に喘いでいます。その状況のなかでさらに高い介護スキルや人間性を兼ね備えた人材を確保することは至難の業です。

また、人工呼吸器を装着したＡＬＳなどのクライアントの支援には、医療的ケアのできるスタッフの増員が急務となります。喀痰吸引や経管栄養を実施できる、医療的ケアの資格をもったスタッフを育てる必要がありました。

そこで、私たちはヘルパー養成研修事業所「土屋ケアカレッジ」を自社でつくりました。求める人材が現れるのを待つのではなく、自ら育てる仕組みです。

「重度訪問介護従業者養成研修 統合課程」の講座を提供し、そのプログラムを受講することで、最短3日で重度訪問介護の現場に必要なスキル・心構えを取得することができます。(資格詳細は4章230ページを参照)

そこから現場に入り、同行研修のなかでスキルを磨いていきます。

こうして医療的ケアなど、命を支えるのに必要な技術をもつヘルパーの卵たちが、全国26教室で誕生し、現場に送り出されていきます。

全国に開講されている「土屋ケアカレッジ」

資金繰りのピンチに救世主現る

おおむね順調に走り出した私の会社ですが、実は資金面では最初の1年間は綱渡りの状態でした。というのも思っていた以上に運転資金が膨らんだのです。

介護給付費は国民健康保険団体連合会にレセプト請求してから支払われるまでに約2カ月のタイムラグがあります。また、新規のクライアントは自治体による認定が出る前からサービス提供を始めることが多々あり、そのレセプト請求は認定結果が出てからでないとできません。つまり、創業して最低2カ月は手持ちの資金で耐えなければならないのですが、初月の人件費だけで2億円も必要だったのです。そもそも起業する準備もほとんどなく創業していますから、手持ちの資金はわずかしかありませんでした。

しかしここで足を止めるわけにはいきません。私は正しい事業を正しいやり方でしているという自負があったので必ず理解者は現れると信じ、資金集めに奔走しながら強気の経営を続けていきました。イタリアの革命思想家であるアントニオ・グラムシの「認識においては悲観的に、意志においては楽観的に」という言葉があります。このときの私は、まさにこの言葉を拠り所として前進していきました。今まで自分が扱ってきたお金とは桁がいくつも違うことで、金銭感覚に現実味がなかったというのも、泰然自若としていられた理由かもしれませんが。

幸いにして知人から巨額の個人融資を受けることができたのと、私たちの思いを理解してくれた信用金庫が手を挙げたのを発端に、いくつかの銀行がぜひ事業を手伝いたいと理解を示してくれ、当面の資金調達には成功しました。

前の会社の社員に政府系金融機関の元銀行員で経済産業省への出向や経営コンサルタントの経験もある吉田政弘がいました。私が独立するとき彼も一緒についてきてくれ、CFO（最高財務責任者）を務めてくれることになりました。彼が完璧な事業計画書をつくってくれたことが銀行融資の説得材料として大きな役割を果たしました。

創業から半年後の2021年3月期決算では残高が50万円という、本当に倒産すれすれの状態ではありましたが、最初にして最大の難局を何とか乗り越えることができたのです。

第3章

誰もやらないなら自分でやるしかない 重度障害者が自宅で過ごせる介護事業を立ち上げる

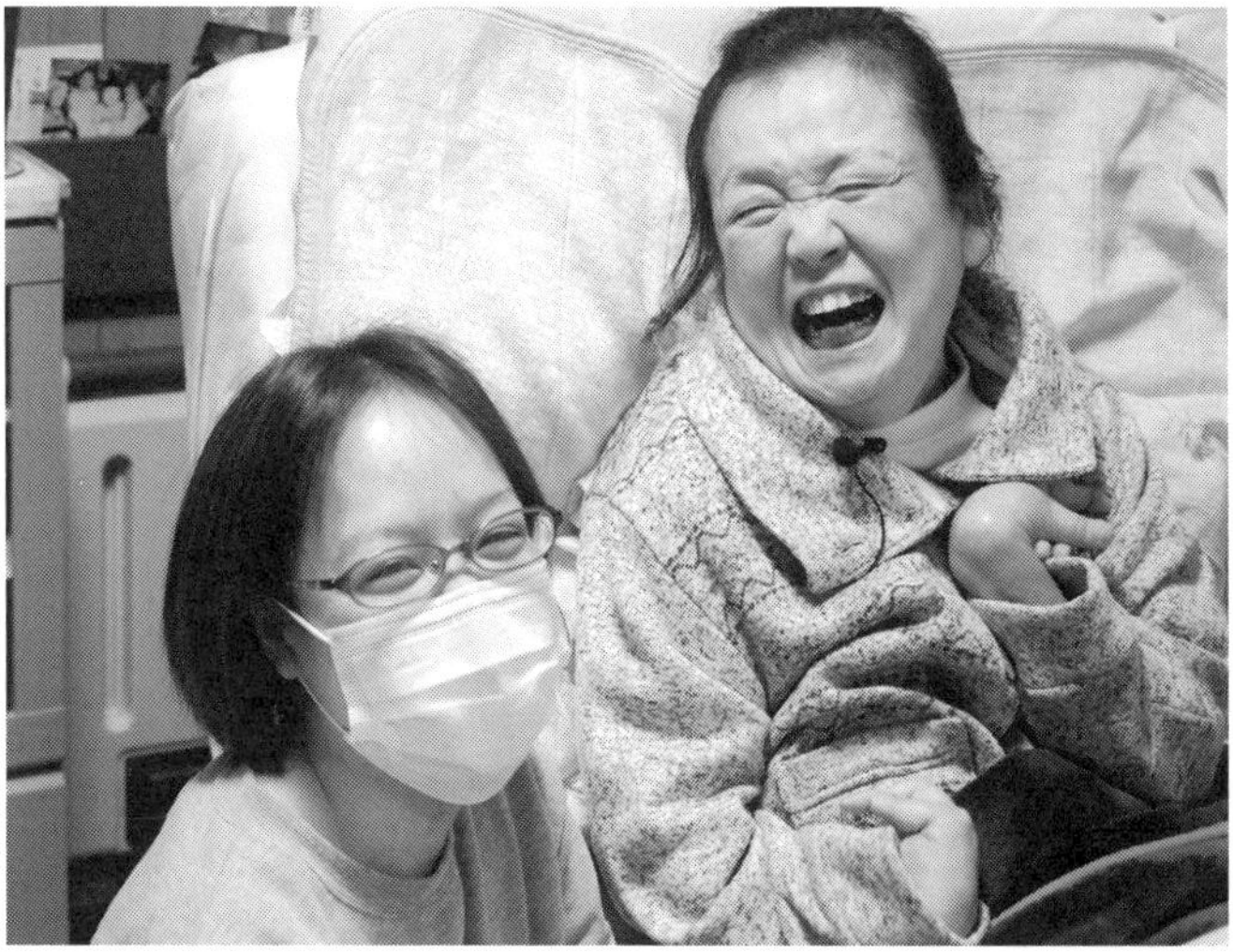

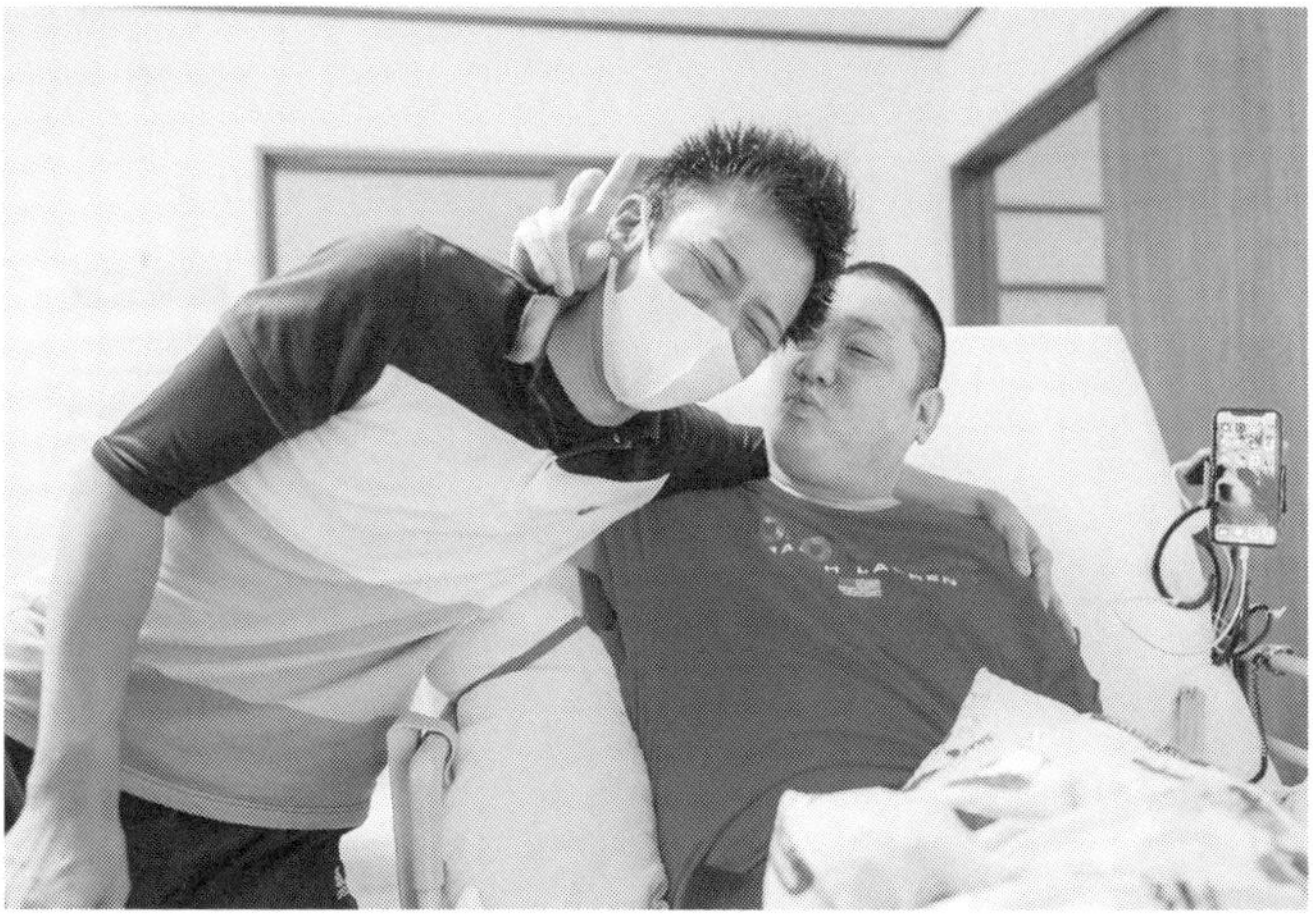

介護の利用で人生が変わる
～当事者とその家族のエピソード～

重度障害者にとって重度訪問介護がいかに重要なサービスであるかを知ってもらうために、私たちのクライアント3人のインタビューを紹介します。

ヘルパーは友達みたいな存在
本人中心のリラックスした生活を実現

北海道　小田嶋優子さん（36歳）

小田嶋優子さんは出生時のトラブルで低酸素脳症を起こし、脳性麻痺となりました。優子さん本人は話すことができない（不快なことは表情で分かる）ので、両親が優子さんの気持ちを想像してインタビューに回答してくれました。

優子さんは2005年12月、16歳のときに自立ホームへ入居しました。自立ホームでの支援に特に不十分さはなく、両親とも「自立ホームがなければ今の優子はいない」と感謝しています。

2007年、優子さんが18歳のときに支援費制度が始まり、このときに初めて360時間の支給が決定します。この頃は自立ホームへヘルパーに来てもらうかたちでの利用でした。2022年5月からは780時間支給を利用して一人暮らしをしています。

■優子さんが自立ホームを出て一人暮らしをすることに不安はなかったのでしょうか。

小田嶋さん：親としては支給時間数も確保できたので、これで大丈夫だと思いました。事業者もサポートしてくれるに違いないし、そのときは楽勝だと思っていたんです。ところが、いざ事業者を探すとなかなか見つからないという事態に直面しました。それでもなんとか諦めずに探し続けたところこちら（ホームケア土屋）に出合えました。住居探しについては、運良く都営住宅の募集が出ているのを見つけたのです。駐車場が付いている物件がいいですよとこちらでアドバイスを受けていたこともあり、すぐに決めました。

■いよいよ一人暮らしがスタートした今、生活には満足できているのでしょうか。また自立ホームにいたときと現在の違いはどこにあるでしょうか。

小田嶋さん：自立ホームでの生活にも不満はなかったので、最初はあんまり変わらないかなと思ったのですが、今のほうが断然いいですね。住居も優子の家ですし、日常生活の些細なこともまず優子本人がいて、それに周りのみんなが合わせる感じになっているので、全然居心地が違うなと思います。優子の場合、常時介助や見守りで1分たりとも離れられません。集団施設ではコールが鳴ったらヘルパーさんはほかの人のところへ行ってしまい優子は待たなければなりませんが、今はそういうことがありません。優子が身体を硬直させてグーッと力が入っても、ヘルパーさんがそばにいて身体を揺らしたりしてくれるので、すぐに収まります。優子自身も快適に感じていると思います。常に人の声が聞こえるので安心するみたいです。優子はちょっと不快になると過剰なくらい騒いで身体が硬直するのですが、今はそうなることも少ないみたいですね。この半年で身体も柔らかくなったし、ここ1カ月くらいは緊張も少なくなって、身体の湾曲が修正されてきました。まだ半年だけなのでなんとなくですが、効果があるような感じがします。

■ヘルパーとのコミュニケーションで試行錯誤をしていることや、互いを理解しあうコツはありますか。またどのようにヘルパーとの信頼関係をつくっているのでしょうか。

小田嶋さん：優子自身は誰かに自分を託すしかありません。自分で何かができたり、意思表示をしたりするわけでもないので。すべてヘルパーさんにお任せして優子の様子や表情を汲み取ってもらっています。今どうしてほしいの?とか、怒っていたら何を怒ってるの?とか、そういうやり取りをしてもらっていますね。優子に関わる人みんなで情報を共有して、みんなで一緒にやっていくっていう形ができていると思います。まだ重度訪問介護が始まって間がないですが、優子本人にとってヘルパーさんは話し相手でもあり、友達でもあり、保護者でもあり、介護する人でもあり、常に接触する人でもあり。だから単にヘルパーさんではなくて、優子にとっては友達、話し相手みたいな存在です。私たち親にとってもそうです。

■重度訪問介護サービスに望むことはなんでしょうか。

小田嶋さん：そのときによって優子が何を要求しているか判断するのはとても難しいです。日中でも寝ているときでも何をしてほしいかは不規則です。おむつが汚れて交換してほしいとか、苦しいので痰を取ってほしいとかもあります。例えば毎日夜8時になったらおむつを取り替えるといったルーティーンが成り立たないので、その時々に対応していくことがいちばん大事だと思うんですよね。その点では日勤も夜勤もヘルパーさんには満足のいく対応をしてもらっています。

簡単ではなかった重度訪問介護への移行 ヘルパーのサポートで良い状態をキープしたい

沖縄県　石川沙矢加さん（34歳）

石川さんは脳性麻痺と知的障害をもって生まれてきました。就学期間である12年間のうちはじめの2年間は自宅から地域の小学校の通常学級に通っていましたが、小学校3

年生からの10年間は養護学校（現・特別支援学校）に通い、学校に隣接する寄宿舎で過ごしました。

■地域の学校に通っていた頃のことを教えてください。

石川さん：当時は車いす使用でもなくまだ歩けていましたが、体幹の障害もあり歩行の際、今より転ぶことも多く、休み時間などは先生方の目に付かない所でのイジメも頻繁でした。一緒に同じ教室で授業を受けると障害があるので板書をノートに書き写すのも追いつかず、内容の理解もうまくいかない部分があり、通常学級ではいろいろと厳しいと考え、養護学校へ転校することになりました。

■養護学校や寄宿舎での生活はどうでしたか。

石川さん：私が通っていた養護学校は自宅から遠かったので、寄宿舎に引っ越すことになりました。寄宿舎では男女合わせて32人の生徒と寮の当直職員さんたちが暮らしていて、私は小学3年生でしたが中高生に交じっての生活でした。学年関係なく先輩方と一緒に係をしたり、話をしたり音楽を聞いたりしたものです。聴覚障害の先輩がいた頃は手話で話したくて、先輩の部屋で教えてもらいながら、いろんな話をして楽しかったですね。みんな和気あいあいとしていたので、楽しい気持ちのほうが大きくて、家族と離れて寂しいという気持ちはあまり感じなかったです。

■転校してからは充実した学校生活だったようですが、ケアの面での不満や不便はなかったのでしょうか。

石川さん：中学生の頃までは短い距離は歩けたため、周りの理解が得にくい部分はありました。私自身はふらつきを強く感じたり、股関節に痛みを感じたりするのですが、それは私にしか分からないので、寮の職員さんに伝えても短い距離であれば大丈夫と思われてしまったのです。その時々の調子に合わせた対応がされないこともあり、ふらつきを強く感じても歩くしかなく、転倒してしまったこともありました。

■高校卒業と同時に寄宿舎を退去し、自宅で生活することになりましたが在宅生活への移行でハードルになったことはなんですか。

石川さん：いちばんのハードルは体調面でした。高校を卒業して3カ月後、事業所が見つかり通所を開始しましたが、事業所が狭くて車いすに座って作業するので精一杯で、休憩する場所もありませんでした。実は16歳頃から身体の調子が悪くなり、自分で歩くことが難しくなって車いす生活になっていたのです。高校時代は車いすに座って授業を受けることも大変で、45分授業の半分を車いす、半分をソファーに横になった体勢で受けていました。そんな体調が卒業後も続いていたので、休憩できないことは私にとって過酷なことだったのです。身体がつらくなり、その事業所は8カ月で辞めることになりました。別の事業所が決まったので移りましたが、やはり調子は良くありませんでした。ほぼベッドで横になっているような状況で、てんかん発作で救急へ駆け込むことも頻繁だったので家族も大変だったと思います。

■在宅生活ではヘルパーとのコミュニケーションに悩んだ時期もあったそうですが、どういう点で意思疎通が難しかったのでしょうか。

石川さん：重度訪問介護を利用開始した頃は、術後半年で動きも悪く小さいてんかん発作もまだある頃で、帰宅するとぐったりしていました。ヘルパーさんの話す言葉に返事をするのもやっとで、私から会話をして意思疎通をしていくこと自体が難しかったのです。今は身体の動きが良くなり、コミュニケーションが取れるようになりました。持病であるてんかんの通院先を変更後、今の主治医と薬の見直しをして私の身体に合う処方が見つかったので、調子良く過ごせているのがうれしいです。

■現在の担当ヘルパーとの関係についてですが、石川さんにとってヘルパーはどういった存在なのでしょうか。

石川さん：今、薬の調整もうまくいき、重度訪問介護を利用開始した2年前より身体の調子も良いですが、漠然とした不安・恐怖・悲しさなどを感じることがあります。てんかんと関係しているみたいなのですが、不安・恐怖などが強いと調子の良いときにできることができなくなったり、入浴・トイレなどもサポートが必要になります。ヘルパーさんと料理をしている最中でも、急に不安・恐怖などを感じることもあったりするので、その日、その時々で必要なサポートが変わるのです。身体も心もなるべく良い状態をキープするにはさまざまな面でヘルパーさんのサポートが欠かせません。在宅生活をするうえでヘルパーさんは私にとって必要な存在です。

ちなみに、石川さんは当社以外からも重度訪問介護の日勤支援で3事業所を利用しています。たくさんのスタッフが関わることで、石川さんは安心して暮らすことができているのです。

■重度訪問介護サービスはサービスを受けるまでに時間が掛かったり、支援を断られたりすることがありますが、石川さんの場合はスムーズに利用ができたのでしょうか。

石川さん：私がヘルパーさんを入れてサービスを利用したのは、10年前のことでした。その頃は入浴・移動・通院介助の順序で、サービス利用を開始した記憶があります。重度訪問介護サービスへの移行は当時から利用していたヘルパー事業所でも重度訪問介護を提供していたので、自立生活の相談をしました。その場では大丈夫ですよと答えてもらったのですが、動きがないまま2カ月が過ぎ、ヘルパーさんから「在宅ではなく移動支援で迎えに来るから」と言われ、サービス開始にあたって社長が話をしたがっているとのことで、私だけ事業所に呼ばれました。そこで「どのような思いで、どういう考えで、どういう形でスタッフを入れての重度訪問介護を利用したいのか」と聞かれました。私と母が「ほかの事業所も利用しながらの重度訪問介護でサービス利用を考えています」と話したところ、一方的に「うちとは契約解除ですね」と言われてしまったのです。ほかの事業所にあてがあったわけではなかったので、せめて在宅支援サービスをやっているところの名前だけでも紹介してほしいとお願いしましたが、「忙しいから自分で調べて。今、自分に必要なサービスくらい分かるでしょ」と突き放されて……。その後、こちら（ホームケア土屋）に出合って重度訪問介護が利用できました。

■最後に、これから望むことはなんですか。

石川さん：重度訪問介護を利用して一人暮らしを始めて2年半近くになりますが、少しずつ身体の動きも良くなり、今調子のいい状況を保てているので無理なくこれからもいい状態をキープし、ヘルパーさんのサポートを受けながら、生活ができたら良いかなと思っています。

一度は無理と言われるも、在宅生活を実現「来年は映画館やビアガーデンに行きたい」

北海道　立崎　淳さん（60歳）

立崎さんは50代でALSを発症しました。発病前は主に野菜などの配送の仕事をしており、5人の子どもがいます。ALSの診断がついたとき、主治医からは在宅では生活ができないと言われたそうです。しかし、セカンドオピニオンを受けて今は地域で一人暮らしをかなえました。

立崎さんは病気が分かったとき、かなりショックだったと振り返ります。すぐには現実を受け入れることが難しく、徐々に病気が進行していく身体と付き合いながら生活してきました。前向きに生活しないとやってられませんからと立崎さんは言います。

■診断当初、医師から在宅は無理だと言われたときのことを教えてください。

立崎さん：先生からは、病院から放り出されたら施設に行って大変な生活が待っていると言われてたんですよ。それはかなり嫌だなと思い、そのときは絶望的に思いました。しかし、ケアマネージャーから重度訪問介護の制度があって、こういうサービスが受けられるんですよと教えてもらい、初めて施設以外の可能性を知りました。聞いた瞬間にこの方向でやってみたいと思って、ケアマネージャーにお願いして手配をしてもらったという経緯です。

■施設より在宅を選んだ立崎さんですが、重い病気を抱えての一人暮らしに不安はなかったのでしょうか。

立崎さん：ありましたよ。支給時間数が最初はたしか月３００時間かそれ以下しかなく、一人暮らしには全然足りなかったんです。1日当たりにすると12時間もなかったかもしれません。足りない部分は一人で過ごさなければならないので、怖いなと思いました。その後、病気が進行するにつれて少しずつ支給時間は増えていきましたが、1日20時間になるまで結構掛かりましたよ。今は事業所3社に入ってもらい、24時間見てもらっているので、安心して生活できています。

■現在の生活はどのように過ごしているのでしょうか。

立崎さん：自分の家なので病気をする前とできるだけ変わらないようにしたいと思って、ビールを飲んだり、テレビを観たりしています。今は映画ばっかり観てますね。特に韓流映画とドラマが多いです。日々病状が変わりゆくなかで生活も試行錯誤が多いですが、その分ヘルパーとの関係が大事になってきます。ヘルパーには言いたいことを我慢しないで言わせてもらっています。私のことを理解してもらうには、お互いの思いやりがやっぱり大事なので。人間と人間だから伝わるまでに時間が掛かりますが、すごく時間をかけて関係はつくっていくものだと思うんです。「ホームケア土屋」は最初から関わってもらっている事業所なので満足はしていますが、ヘルパーの入れ替わりがあると関係づくりが大変です。そういう面で長く来てもらえればありがたいなと思っています。

■立崎さんはテレビを観ることが好きで外出も楽しんでいますが、今後行ってみたい場所はどこですか。またやってみたいことはなんですか。

立崎さん：来年は映画館とかビアガーデンに行きたいと考えています。

立崎さんはこれからも進行する病気と向き合っていくことになります。不安や心配などがあれば、ヘルパーに何でも相談してほしいとご本人に伝えました。

■立崎さんにとってヘルパーとはどんな存在でしょうか。

立崎さん：訪問介護や看護とか医師の先生、あとは相談員もいて、よく連絡が来るようになってます。ヘルパーは私にとって自分の体の一部です。命を支えてもらっています。もう一人の自分です。

強度行動障害が1対1のケアで落ち着く事例を確認

私たちの事業所では強度行動障害のある人へのケアにも対応しています。強度行動障害では非常に強固な問題行動が起こり、本人も周りの人も傷つくことが多いのですが、重度訪問介護によって問題行動が軽減する効果があることが、複数のケースで確認されました。

強度行動障害は重度・最重度の知的障害や自閉症の特徴によって、直接的な他害（人に噛みついたり、頭突きをしたりなど）や、間接的な他害（物を壊す、大泣きが何時間も続くなどで周囲の人の暮らしに影響を及ぼす）、自傷（自分の頭を壁に打ち付ける、食べられない物を口に入れるなど）の行動が著しく高い頻度で起こる状態です。

家庭で通常の育て方をして、かなりの養育努力があってもこうした状態が起こり、抑制が利かない場合、強度行動障害と呼ばれます（強度行動障害は症状であって精神的な病気ではありません)。

強度行動障害の人がどれくらいいるかは、疫学的な全国調査が行われていないので正確な数が分かりません。ただし、鳥取県の「強度行動障害のある人の鳥取県における総人口調査」では療育手帳交付数の1%程度が強度行動障害に該当すると推計されました。これをもとに全国推計を算出すると、約8000人になります。

強度行動障害の原因にはコミュニケーションの問題があるとされています。もともと強度行動障害になりやすい知的障害や自閉症の人たちは、コミュニケーションを苦手としていたり、感覚の過敏性などの障害特性をもっています。本人が置かれている環境が障害特性に合っていないと、本人のなかで不安感や不快感が増し、周囲の人への嫌悪感や不信感が高まります。

例えば音に対する感覚過敏があると、普通の人には気にならない程度の音でも頭にガンガン響きます。本人は「周りの音がうるさくてつらい」「静かなところに行きたい」と思うのですが、それを言葉でうまく伝えられないとき、パニックになって暴れたり奇声を上げたり、近くにいる人を叩いたりといった行動になってしまいます。つまり強度行動障害というのは周りの人を困らせようとしての行動ではなく、本人のSOSが表面化しているのです。

生まれたときから強度行動障害があるケースは少なく、中学や高校の頃に激しくなるケースが多いのは、年齢が上がるほど周囲とのコミュニケーションが複雑化し、本人が困難さを感じやすいからだと考えられます。

私たちの出会ったクライアントでは、本人にかなり強固な強度行動障害があり、入所していた施設も家族も万策尽きて対応に困っていたケースがありました。このまま施設にいるとスタッフが本人にかかりきりになり、ほかの入所者にも迷惑を掛けてしまうということで、家族から「世話したいがどうにもならない。そちらで対応できませんか」と相談がきたのです。

ベテランのヘルパーに本人のもとに行ってもらい、1対1でケアを始めてみると、すぐに変化が現れました。本人が何を不快・不安に感じているかをキャッチして、その原因を取り除くことにしたのです。例えば本人に話し掛けるときに静かな声、落ち着いたトーン、ゆっくりした口調にする。また、本人が一人で過ごせるスペースや時間をつくる。そして、1日のスケジュールをきっちり決めてイレギュラーなことが起こりにくくしたりしました。

そうやって本人が混乱を起こす場面を回避したことで、興奮やパニックを起こす頻度が目に見えて減っていきました。本人が精神的に安定すると睡眠などの生活リズムが整うので、さらに良い効果が生まれます。

施設では大勢の入所者がいるので、一人ひとり個別のケアには限界があります。また、家族も愛情はあっても介護のプロではないので適切な対応は難しいと思います。もし重度訪問介護を受けることなくあのまま家族で抱え込んでいたら、ネグレクトや身体拘束（暴れないように手足を縛る）、家庭内での閉じ込めなどになっていた可能性もあります。

施設では身体拘束につながりやすい強度行動障害の方に、その人にあったリラックスした環境で、丁寧なケアをすることによって解決に導けた事例は、大きな可能性をはらんだ希望のニュースでした。複数のケースで、自傷、他害という症状そのものがなくなったのです。

重度訪問介護で支援できる人たちはまだまだたくさんいるのです。

第4章

利益の出る仕組みをつくり、従業員には高い給料を支払うことでサービス品質を高める「福祉は清貧であれ」という業界の常識を覆す

社会課題解決と営利追求を両立する、オンリーワンのビジネスモデル

私がこの会社でやろうとしていることは大きく2つあります。一つは全国に事業所を構え、重度訪問介護サービスを必要としている人に限なく届けること。もう一つは会社を大きくすることで介護職の待遇アップを図り、福祉を夢のある仕事にすることです。

◯「介護難民を支援する」という社会課題解決への道筋

まず従来型の同業他社のビジネスモデルでは、目の前の困っている重度障害者に対応することはしてきましたが、「重度訪問介護サービスをより多くの人に届ける」という発想は弱かったように思えます。そのため事業を拡大することを良しとせず、限られた地域にとどまるため、事業規模が小さく、経営体力が弱いという弱点があります。経営体力が弱いということは倒産や廃業のリスクが高いということにほかなりません。

私はスケールメリットを活かした規模の経済により、効率性を追求して高利益体質をつくり、経営体力をつけて安定したサービスを提供し続けることが、介護難民問題の解決につながると考えています。

○福祉を夢のある仕事にする

次に、「福祉でも稼げる」ことを実績として示し、介護業界を明るいものにしていきたいと思っています。

キャリアパスの体系を構築し、ステップアップの道筋を示すことで、能力のある若い人たちが人生計画をより希望のある、豊かなものとして描けるようにしてほしい。そのために、経営の安定を図るとともに、ぎりぎりまで利益を従業員に還元していく戦略を取っています。

道徳なき経済は犯罪であり、経済なき道徳は寝言である

報徳思想を唱えた二宮尊徳に「道徳なき経済は犯罪であり、経済なき道徳は寝言である」という言葉があります。銅像で有名なあの二宮金次郎です。

いまでこそ、企業のＳＤＧｓへの取り組みなど、経済活動における倫理性を重視する考え方は広く浸透していますが、江戸時代の日本にも、経済と道徳の融和を説き、農村を飢餓から救った思想家がいました。

私たちは倫理性のない経済活動が地球規模の問題を招いてきた歴史の反省のうえに立っています。ただ、経済を無視した理想論だけでは結局問題を解決できないまま、破綻してしまいます。

私たち自身の職業選択も、やりがいだけでは食べていけず、また人生の多くの時間を費やすのに、報酬を得るためだけの仕事も寂しすぎます。ケアされる側だけでなく、ケ

アの担い手も大切にするやり方で、切迫したニーズに、考え抜かれた方法で応え、解決していこうと思いました。

そもそも、介護職が薄給でなければならない理由はありません。介護のみならず、保育士や家事代行業など、いままで家庭内で女性が担ってきた仕事はいわゆる再生産労働として、重要であるにもかかわらず軽視され、下位に置かれてきました。介護士や保育士の地位を高めるのは、まさにジェンダー平等の取り組みでもあります。

実際、薄給のアルバイトの掛け持ちをしながら生活をなんとかしのぎ、理想に燃えて社会運動をしたものの、結局過労がたたって燃え尽きてしまった自分は、よい失敗例でありました。私自身は4畳半風呂なしの清貧生活をよしとしていましたが、実家の経済苦や彼女の交通事故を無視して運動家を続ける選択はなかなかに難しいものでした。

ソーシャル・ビジネスの発見
社会課題をビジネスで解決する

障害福祉の分野には、利益を度外視してサービス提供をしている立派な事業者がたくさんいます。以前の私は全くその考えに賛同していました。

しかし、介護系ベンチャー企業の立ち上げに参加し、その経営の一端を担い、考え方が大きく変わりました。利益をあげているからこそできることや、利益をあげていないとできないことがあると学んだからです。

グラミン銀行の創設者でノーベル平和賞受賞者のムハマド・ユヌスや、競争戦略論の大家でＣＳＶ（共通価値の創造）という概念を生んだマイケル・ポーターが提唱するソーシャル・ビジネスの思想にも触発されました。両者とも貧困、紛争、環境破壊などの社会課題は自ら資源を再生産できるビジネスによってこそ解決しうる、と述べました。

利益の増大を追求しないＮＧＯやＮＰＯは経営資源を外部の寄付などに依存せざるをえ

ません。そうすると結果として、スケールメリットが生まれず、巨大な社会課題の解決に持続的に立ち向かうことができません。

重度訪問介護サービスを全国に拡充していくというミッションを成し遂げるためには資金が必要です。新規事業所を設立するにも、人を採用し、教育するにも、サービスの認知度を高めるにも、資金が必要です。資金は多ければ多いほど目的を早く達成できるということが、さまざまな経験を重ねるなかで分かってきました。私は福祉にも力強いビジネスの視点が必要であると思います。

ただ、私の経営方針は、今でも社会課題の解決を本来的な目的にして貫かれています。利益追求は、その事業の持続性のための手段にほかなりません。この理念経営こそが志の高い仲間を集め、社が一丸となって、強いチームとなれる理由であると思います。

法や倫理に則った正しいやり方で利益を追求していくことは、障害者福祉のみならず福祉業界全体の未来を明るくするものだという信念をもって、私は株式会社という法人格を選びました。

善意に依存する介護には限界がある
持続可能な事業化へ

現在、国内で重度訪問介護サービスを提供している事業所は、限られたいくつかの企業を除くと、それぞれが独立する非営利法人からなる全国規模のネットワーク型組織であるＣＩＬと、民間の小規模事業所くらいしかありません。

非営利法人のＣＩＬが運営する事業所は、障害者の自立生活を支える制度ができる以前から任意で運営を始めてきた歴史があり、30年近い実績があります。全国に１００カ所余り存在しますが、実は昨今、存続の岐路に立たされていることが指摘されています。

◯非営利であるがゆえに存続の危機に

非営利法人のＣＩＬが運営する事業所はもともと障害者の自立という理想の実現のためにできた組織で、運動体であり事業体であるという特性をもっています。また、ヘルパーはボランティアから出発しています。こうした誕生の経緯から、自ずとビジネスよりも理想を大事にする性質が強くなりました。この性質は現在の運営にも色濃く受け継がれています。

非営利であることは社会貢献を通してやりがいを感じたり、組織運営の公正さを担保し、志の高い人たちのチームをつくりやすいという大きなメリットがあります。一方で効率性を重視する視点が弱く収益性が低い傾向があり、結果として賃金のアップサイドが低かったり、利益剰余金が積み上がらず採用投資のための原資が不足し、労働力が集まりにくかったりといったデメリットもあります。

◯小規模事業者の廃業・倒産が増えている

民間の小規模事業所はどうかというと、こちらも経営難が深刻です。

東京商工リサーチから発表される介護事業者の倒産件数は、毎年過去最多を更新しています。

2020年の障害者福祉事業の休廃業・解散・倒産は127件に上ります。倒産したのはすべて従業員10名未満の小さな事業所でした。この127件のなかに重度訪問介護事業所が何件含まれているかまではデータからは分かりませんが、いずれにしても経営体力の弱い事業所からどんどん淘汰されていることは明らかです。

小規模事業所で経営破綻が起きている原因としては、やはりビジネスの観点が弱いことがあるようです。マーケティングが甘いと利用者は集まらず、採用力が弱いと人材確保に行き詰まります。採算度外視で地域に尽くしていればすぐに赤字経営に陥りますし、経営者が高齢化して跡継ぎがいなければ事業承継もしていけません。

福祉の精神や情熱だけでは近い将来、息切れを起こしてしまいます。どうすれば赤字から脱せられるか、事業成長していくためには何が必要かというビジネスの視点が福祉事業者にも不可欠だということです。

このように、非営利法人のＣＩＬにしても民間事業所にしても、経営難の背景には事業をビジネスとしてとらえる観点が弱いことがあります。福祉で金儲けするなどけしからんなどと言っていると事業存続ができなくなり、障害者の介護難民を出す結果になるのです。そうならないためには会社がしっかり利益を生み出して、待遇改善などにより従業員満足度の向上に努め、離職を防いでいくことが大切です。

営利企業にすることで「支援できる人が増える」スケールメリットが狙える

私が営利企業にこだわる最大の理由は、そのほうがより多くの重度障害者を支援できるからです。

事業の規模拡大に伴って生まれる効果をスケールメリットといいます。例えば小売店で考えると、取り扱う商品の販売数が2割増しになってもスタッフの人件費や店舗家賃・光熱費などの固定費が急に増えるわけではありません。結果として商品1個当たりのコストは低くなり、収益性が高まります。

介護事業でもこれと同じことがいえます。従業員が10人、100人、1000人と増え、規模が大きくなっていけばいくほどスケールメリットは大きくなり、収益率が高まり待遇改善を行う余力が生まれ、キャリアパスの体系を構築することも可能となります。

人材の効率化やコスト削減だけでなく、スケールメリットを生み出すと、その会社やサービスの知名度や信頼度が高まります。「重度訪問介護といえばあの会社」という認識が広まることで会社のブランディングができ、利用者や人材が集まりやすくなる効果が生まれます。

大きな組織で、チームでよりしっかりと支える

また、スケールメリットは、クライアントの支援にも有効に機能します。重度訪問介護の現場を欠勤して穴を空けるのは、クライアントの命に直結する事態のため、担当ヘルパーの病気や事故に備えた体制がなければなりません。現状はほとんどの現場で、他事業所と連携してこの体制をつくっていますが、こうした組織のバックアップの力は非

常に大切です。一人のクライアントをより安定したチームで、大きな組織で支えることができるというのは、現場の実感であると思います。

実際に、コロナ禍で人手が不足したとき、本社や役員クラスのスタッフまでが全国の現場に飛んでいき、クライアントの支援に入りました。スケールメリットを最も実感する出来事でした。

従業員を満足させるには、物心両面の充足が必須

さらに私は福祉業界の慢性的な人手不足の現状も変えていかなければならないと考えています。福祉の仕事はやりがいがありますが、賃金が低いので生活していくのに余裕がなく、結婚して家族を食べさせていくには心もとないという理由から、この仕事を辞めていく若者があとを絶ちません。

厚生労働省「令和3年賃金構造基本統計調査」によると、平均年収は約353万円です。全国で最も介護職員の年収が高い東京都でも平均年収は401万円に留まります。最も低い青森県では270万円という低さです。

また、介護職はキャリアアップに限界があり、施設長になったらそれ以上は収入を増やすことが難しくなります。その施設長の年収も平均501万円とかなり低い水準ですから、とても夢のある職業とはいえません。ちなみに、一般企業の部長クラスの平均年収が約930万円なので、半分程度ということになります。

介護は体力を使う仕事なので、腰を悪くするなど体力的な限界から仕事を続けられなくなるケースもあります。3K（きつい、汚い、給料安い）がそのまま当てはまってしまう職業が介護職なのです。

福祉は人の役に立つすばらしい仕事ですが、それだけでは生きていけません。やはり人並みの生活をしていくには賃金の保証が重要です。福祉の仕事でも高年収が得られるという事実を示すことが、この業界に興味をもってもらい、働いてみたいと思ってもらうための動機づけになるものと考えます。つまり、やりがい（精神的な充足）と十分な報酬（物質的な充足）という2つの要素が同時に成り立つとき、福祉の仕事は多くの人にとって魅力的な仕事になるのです。

給与水準の低い福祉業界で年収1000万円を実現

私たちの会社は、一般的な介護職の相場よりも高い給与設定をしています。厚生労働省の「令和3年度介護従事者処遇状況等調査結果」では、介護職員1年目の平均基本給は17万4680円であるのに対し、私の会社は26万円〜31万円以上を実現しています。保有資格や勤務地によっては資格手当や地域加算手当がプラスされるほか、賞与もあります。実際の給与例でいうと、364万円／25歳・未経験入社1年目（月給28万円）が平均的です。

未経験入社2年目でも年収500万以上の社員がいますし、ブロックマネージャー以上になると年収１０００万円を超えてくるケースもあります。

「給与が高いこと」はそれだけで同業他社との差別化になり、リクルーティングで良い人材が集まってきやすくなります。もちろん給与だけが目当てで福祉の心のない人に来られても困るわけですが、そもそも応募が集まらなければ人を選抜することもできません。私はメディアの取材にも、率直に「稼げる」という話をしてきました。記事のタイトルに「福祉でも１０００万円プレーヤーになれる」と掲げたものもあります。

高給をアピールすることで、福祉に興味がなかった人が職業選択の一つとして考えるようになったり、低賃金がネックで別の職業を選ぼうとしていた人を呼び戻したりできます。そうすれば業界の深刻な人手不足を解消するためのブレークスルーになるに違いありません。

未来の介護業界を明るくしたい

「福祉は清貧であれ」というマインドを捨てろという話では決してありません。利他の精神や志を見失わないようにという精神は大切にすべきものですが、固執しすぎると排他的な世界に閉じこもることになり、自らの首を絞めてしまうのです。業界の活性化、イノベーションのためには広く浸透している一般の価値観に合わせて、変わっていくことも大事だと考えています。

2025年、いわゆる「団塊の世代」である約800万人が75歳以上、つまり後期高齢者になります。超高齢化社会が訪れることで生じるさまざまな影響のことを指す「2025年問題」が迫るなか、介護の分野にたくさんの優秀な人材を集めるためには、業界をあげての工夫が必要です。

2022年から、介護従事者が組織や職種の垣根を越えてつながりをもてるよう、オンライン上の若者コミュニティをつくって運営する「KAIGO LEADERS」の発起人である秋本可愛さんを社外取締役に招きました。
若い人たちに、介護の「かっこよさ」を知ってほしいと思います。

利用者と向き合う重度訪問介護には〝介護の本質〟がある

やりがいについていうと、介護の仕事はもともとやりがいの大きい仕事です。目の前のクライアントを直接支援することができ、笑顔にできることは医療と並んで貴重で、ほかの仕事ではなかなか味わえません。

そのなかでも重度訪問介護はさらにやりがいが大きいといえます。なぜなら、利用者と1対1でじっくり関わることができるからです。

私の会社にもほかの介護事業所から転職してくるスタッフが多くいますが、転職動機を聞いてみると「施設では大勢の入所者を担当するので、一人ひとりとの関わりが薄くなってしまう。自分がやりたい介護とは違った」という人や、「経営者が効率のことばかり言って、無駄なケアはするなと言う。ゆっくり利用者の話も聞いてあげられない」という人が多くいます。

その点でいえば、重度訪問介護はぶっ続けで長時間、そのクライアントのためだけに仕事ができます。身体介助をしていない「見守り（いざというときに支援するため、近くで待機する）」時間も大事な時間です。見守りながらクライアントの心に寄り添います。日常の雑談から趣味の話や家族のこと、やってみたいこと、ひいては人生についてや死生観についてなどの深い話もすることがあります。まるで家族のような関係、あるいは家族にも話せない内面を話せる関係になっていくのです。

家族とはまた違った特別な存在としてクライアントの人生に寄り添える、非常にやりがいのあるケアの現場だと思います。

60代、70代でも重度訪問介護ではまだまだ現役

体力的な問題でいうと、一般的な介護より身体的な負担は軽い傾向があります。クライアントのなかには臓器に疾患を抱えている人も多いので、繊細なケアが必要になりますが、力仕事はそんなに多くありません。施設では多くの入所者のケアを担わなければなりませんが、重度訪問介護は一人のクライアントのケアでいいからです。

実際に私たちの会社が運営する事業所では60代のスタッフが何人も第一線で活躍していますし、70代のスタッフもいます。人生を重ねた分、人間性に深みが出てクライアントへの共感力が高くなるという強みもあります。

また、クライアントも高齢化しているので、同じ年代のヘルパーのほうが話が合うので良いという人もいます。

どんな人材が活躍しているか

重度訪問介護には、スキルが必要であるという話をしました。しかし、実際には、スキルより重要なものがあります。それが人間性です。

重度訪問介護では利用者の居宅に長時間いるので、必然的に介護以外の人間的な関わりをする時間が長くなります。利用者の話し相手としての役割や言葉にならない想いを汲み取る役割、そっと見守る役割も重要なポイントで、これはスキルだけでは務まりません。心の優しさや人を尊重できること、他人の痛みが分かる共感力、ポジティブさ、人が好きといった素養が重要です。

専門的な知識や経験を最初からもっている人はいません。むしろ、現場に飛び込んで、個別のクライアントの話をしっかり聞きながら、学んでいく力が必要です。

介護とは関係のない他業界から中途で入った人が、やる気さえあれば、実は大活躍できる仕事でもあります。

多様なバックグラウンドをもつ人たちが活躍

実際、社内には上場企業で働いていた営業マン、銀行マンや証券マン、マスコミ、記者、花屋やバリスタ、大工まで多種多様な職歴をもった人が集まっています。さまざまな分野のプロフェッショナルがいるので、本社機能も外部人材に頼らず、内部で一流の仕事を生み出せています。元の職業を活かした起業も応援しています。

取締役や顧問にも障害当事者がいますが、従業員にも子どもや親、配偶者が障害当事者である人も当然多いです。また、私自身もそうですが、病や怪我など、人生の艱難辛苦を乗り越えてきた人も多数います。能力も大事ですが、志や人間性を重視する社風はそんなところからも生まれていると思います。

スポーツ選手やミュージシャン、演劇人など、才能豊かな人が家庭をもち、落ち着き先を求めて、という例もあります。スタートがいつからでも引け目を感じることはありません。その人を形づくったどんな経験も活かすことができます。

重度訪問介護は、ゆっくりとした時間が流れます。私の妻もかつては競争の激しい業界にいましたが、クライアントの車いすを押して散歩の同行をしているときに、季節の移り変わりの風を頬に感じて、ああ、かつてはこんな時間も失われていたなあ、転職してよかったとしみじみ感じたそうです。

たしかなニーズにしっかり応えることのできる仕事で、やりがいを感じることができると思います。

では、実際に私の会社ではどんな社員が働いているのか、6人の社員を紹介します。異業種から未経験で飛び込んできた者も複数いますが、みんな一流の仕事をして輝いています。学歴や職歴ではなく、人となりやモチベーションがこの仕事では大事だということが分かってもらえると思います。

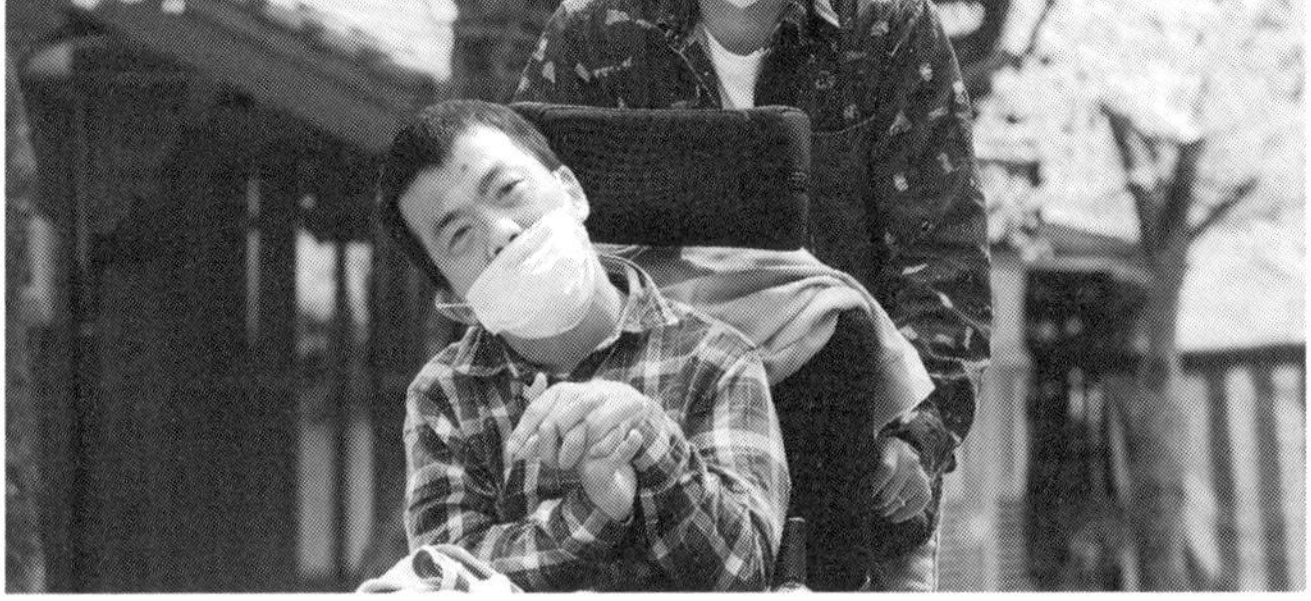

異業種、未経験、何歳からでも輝ける
～社員6人のエピソード～

海外で活躍するサッカー選手から転身
「重度訪問介護はクライアントの人生を変えるような選択肢になり得る」

池田憲治（鳥取　オフィスマネージャー）

鳥取のオフィスマネージャーとして活躍している池田憲治は、2021年6月にオープンした鳥取オフィスの立ち上げから関わり、鳥取エリアでの重度訪問介護の周知を図るための広報活動に尽力しています。かつてはサッカーでプロになる道を志していた池田がどのようにして重度訪問介護の道へ来たのか、今の仕事に掛ける想いなどを本人に聞きました。

池田は幼少の頃から大学までずっとサッカーをやってきて、本気でプロを目指していました。同級生がプロになるのを間近で見ていたので、自分も負けていられないという気持ちがあり、大学を卒業して1年半後の2011年に、知人のつてをたどってドイツに行くという決断をします。

ドイツに行った時点では在籍チームも決まっていない状態でしたが、最終的にはセミプロリーグのチームに所属し、サッカーだけでギリギリ生活できるぐらいのお金をもらうことができました。しかし1年後、就労ビザを取得しようとしますが認定が下りず、やむなく日本に帰って来ることとなりました。

プロになるのは難しいかもしれない、でも諦めきれない——池田は当時の気持ちをこう振り返ります。「日本に帰る前は、もう一度違う国でチャレンジしたいという気持ちもありました。でも、ドイツ語も英語も話せるわけではないので、想像以上に日常生活でストレスを感じていて。正直なところ、日本に帰って来てほっとしたという気持ちが強かったです。年齢ももう25歳になっていたので、冷静に考えるとプロを目指すにはそろそろ時間切れかもしれないという気持ちもありました。でもなかなか割り切れず、帰国して1年くらいは逡巡していました。徐々に自分の気持ちと折り合いをつけていった感じです」

池田が日本に戻ってから1年ほど経ち、貯金が底をついてきた頃、働こうと決めた仕事が介護だったのです。

海外に行ったことで冷静かつ客観的に日本という国を見られるようになり、日本の住みやすさに改めて気づいた池田は、「今の日本は、戦争という大変な思いをしながら戦後の高度経済成長を支えてきた人たちが礎になっている。その人たちを支える仕事ができないか」との思いに至ったのでした。

まずは3年やってみよう、そんな気持ちで池田は介護の世界に飛び込みました。3年を超えた今も介護の仕事を続けているのは、最初に勤めたデイサービスセンターでの経験が大きいと言います。

池田にとって介護の仕事は意外にも楽しいものでした。デイサービスの利用者は認知症の人がほとんどでしたが、ある程度コミュニケーションがとれる人が多く、名前を覚えてもらってかわいがってもらったそうです。

その後、池田は別の事業者に転職し、特別養護老人ホームやグループホーム、デイサービスセンターの仕事を経験しました。いちばん長く配属されていたのは特別養護老人ホームでしたが、ここで池田は運営の難しさを目の当たりにします。

「研修では『高齢者本人が自己決定権をもつ』と教わりましたが、実際の現場は常に時間に追われていて、施設側の時間配分に合わせて利用者に動いてもらっている状況だったんです。もっと利用者一人ひとりの考えや想いに沿うかたちで関わっていきたいという想いが芽生えました」と池田は語ります。

ちょうど子どもが生まれてくる時期で、わが子に熱く語れる仕事がしたいという思いから再度転職を決意することになったのです。

そして、2020年に株式会社土屋に入社しました。「重度訪問介護は1対1での支援になるので、時間に追われて利用者が施設の都合に合わせなければいけないということもないだろう」というのが土屋への転職の決め手でした。最初は岡山で重度訪問介護のヘルパーの仕事に取り組みました。

実際に仕事を始めてみると、対象が高齢者から障害者に替わったことによる接し方の違いは確かにあるものの、一対一で手厚い支援ができることがうれしかったと言います。

「複数人を同時に支援しなければならない特別養護老人ホームの仕事では、利用者に何か頼まれても『ちょっと待って、ちょっと待って』と言わざるを得ない場面が多くありました。施設の都合と利用者の意思との間で板挟みになることは、自宅で過ごす重度訪問介護においてはそもそもないんですよね。長時間、一人のクライアントのそばにいるので、仕事以外の話もして楽しい時間を過ごすこともできました」


そんな池田は、かつて夢中になったサッカーと介護は「チームプレー」という点で共通していると語ります。

「両方とも一人ひとりに自分の役割があって、その役割を個々人がしっかり担うことによって、チームとしてうまくいくという点が共通していると感じます。一人のクライアントを支えるためには、社内だけではなく、他の事業所との連携も必要です。例えば訪問看護師や主治医との連携、クライアントの家族との連携など。関わる人みんなとチーム一丸となってクライアントと向き合っています」

池田が広報活動に注力しているのは、次の想いがあるからです。本人の言葉をそのまま紹介すると、「以前の鳥取県では重度障害がある場合、病院や施設にいるという選択肢しかありませんでした。そこに私の会社が入ることで、在宅のまま地域で生活するという選択肢が一つ増えるのはすごく大きなことだと思うんです。選択するのはクライアントや家族ですが、選択肢が病院や施設しかない状態で選ぶのと、在宅の選択肢もあるなかで結果的に選択するのとでは、意味合いは全く変わってくるはず。2025年問題を間近に見据えた今、私たちが提供する重度訪問介護が選択肢になれたら、鳥取県の福祉も、鳥取で人生の最期を迎えることのイメージ自体も変わってくるのではないかと考えています」

実は池田は岡山にいたとき、初めて重度訪問介護を利用した人たちから「こういう制度を早く知りたかった」「重度訪問介護を使うことで生活が充実した」といった声を直接聞いたのだそうです。そのとき、心の底からうれしい気持ちになったことが今の広報活動の原動力になっています。

「重度訪問介護という仕事はクライアントとその家族の人生を変えるような選択肢の一

つになり得る。自分たちがやっている仕事はまさに〝福祉改革〟だ」というのが池田の実感です。

このような強い想いをもつ池田には、鳥取オフィスのメンバーと接するうえで意識していることがあります。「なぜこの仕事が必要なのか、どういう社会的背景があるのかといったところもきっちり説明して、この仕事の意義を伝えるように心掛けています。ただ単に表面的な作業のように仕事をこなすのではなく、この制度をつくるために力を注いだ人たちの歴史や想いが個々人にリンクしていると、同じことをしていてもメンバーの意識ややりがいは大きく違ってくると信じています」

重度訪問介護を通じて池田自身の価値観も変わってきました。以前は障害者との壁というものが自分のなかにありましたが、今は健常者も障害者も触れ合うことでお互いに学ぶべきことが生まれてくると考えています。「障害があってもなくても、使っている言語が違っていても、肌の色が違っていても、人としての垣根はないんだ。みんな同じ人間なんだということを、自分の子どもにもほかの人たちにも感じてほしいですね」

池田の今の夢は、障害者と健常者によるスポーツチームの結成です。障害者と健常者が交流できるチームをつくることで、双方が成長できるという確信を池田はもっているのです。

池田は生活するだけが人生ではないと熱く語ります。「私自身、サッカーをしていたからこそ人生がより充実したものになりました。人生を輝かせる一つの手段として、スポーツが果たす役割は大きいですよ。サッカーに限らなくてもいいので自分でチームをつくって、障害の有無に関わらずスポーツの感動や苦悩を共感できる場を提供できたらいいなと思っています」

生死の淵を経験して重度訪問介護の仕事へ
クライアントの人生に深く寄り添って

澤田由香（北海道・東北　ブロックマネージャー）

2度のくも膜下出血から生還した澤田由香は、昏倒する意識のなかで「私は生きる」

「このままでは終われない」という一念が湧き起こるのを感じました。死の淵から何度もこの世に生還した彼女は無資格・未経験から重度訪問介護のヘルパーを始め、今はブロックマネージャーとして北海道・東北ブロックを管轄しています。

1974年、北海道札幌市出身の澤田由香は3人の男きょうだいに挟まれ、お転婆な少女時代を送ります。中学では硬式テニス部に所属し、高校では行事に積極的に参加しました。マラソン大会で優勝したこともありました。そんな澤田が幼少時代のことで記憶に残っているのは、なんと隔離生活です。

小学校に入学する頃、家族でスケートに行き、弟とともにコレラ菌に感染してしまったのです。2～3カ月の間、山奥の施設に隔離され、一人病室で分厚いガラス越しに両親と面会したのを記憶していると言います。

そんな彼女の夢は看護師でした。しかし高校進学にあたり両親に相談したところ、父から思いがけない言葉を掛けられました。「由香、よく考えなさい。お前は人を助ける看護師には向いてない」と。澤田は「私はおっちょこちょいで、親が反対するなら看護師にはなれないと悩みました」と話してくれました。

事業をしていた父の勧めもあって、澤田はしぶしぶ経理の道を選びます。卒業後は地元の石油会社に就職し、経理業務に携わりました。24歳で結婚し、その後退社します。1999年には女の子を出産しますが、夫が忙しく一人で子育てをする時間が多かったという澤田は、専業主婦でいることに物足りなさも感じていました。

働きたいという思いが強くなってきた彼女は、パートで経理や事務を始めるなど少しずつ仕事を始めます。しかし、娘が中学を卒業する頃、父親が他界しました。夫婦の関係性も悪くなってしまい、離婚に至ります。澤田は娘と実家に戻り、母と介護を必要とする高齢の叔母とともに生活を始めたのです。

実家に戻った澤田は正社員の仕事を得て、子育てや叔母の介護と忙しい日々を送ります。叔母は施設には入りたくないと言うので、今に至るまで在宅で介護を続けています。自分でトイレや食事ができ、同行すれば買い物も可能ですが、やはり排泄や入浴などの介助が必要で、澤田が家事や仕事と両立するのは大変なことです。

そんなある日、澤田は実家の目の前でくも膜下出血を起こし倒れました。42歳のときでした。幸い命を取り留め、後遺症もなく職場復帰ができましたが、娘も高校生になって澤田は休日をもて余すようになります。何気なく探していた求人広告で、目にしたのが介護の仕事です。「叔母の介護経験があるし、無資格未経験でもいいということで、やってみようと思いました。それまで事務仕事をしてきましたが、本当はじっと座っているのは性に合ってなくて、身体を動かすほうが好きなんです」

2018年2月、澤田は仕事のかたわら非常勤パートとして介護の世界に足を踏み入れました。それは高齢者介護とは異なる、障害者への重度訪問介護でした。

重度訪問介護業界で働き始めた澤田は当初は驚いたと言います。「これまでの人生で、障害をもっている方と接することがなかったので、とても衝撃を受けました。最初の支援先が重症のリュウマチの方だったのですが、『どうしてこんな手の形なんだろう』『どうして足がこんなふうに曲がってるんだろう』『なんでこんなに腫れ上がってるんだろう』と驚くことばかりでした」

2件目はALS患者の支援で、口文字などを使うコミュニケーションにも衝撃を覚えました。しかし、澤田は驚きつつもこの仕事を続けられると実感していました。それは、自身の大病の経験によるものでした。「くも膜下出血になったとき、これはまずいなと咄嗟に思ったんです。でも、要所要所で意識があって、医者や母親の声が聞こえていました。そうしたタイミングで、娘にまだたくさん言いたいことがあるし、まだだめだ、今ここじゃないと。だったら、もうひと踏ん張り頑張るしかないと。そういう思いがあったので、同じように病気をして障害や後遺症をもってしまった方の力になれることが一つでもあるなら、この仕事を続けたい、続けられる！と思ったんです」

重度訪問介護のパートを始めて2、3カ月後、澤田は本格的に重度訪問介護の仕事に携わろうと事務職を辞め、第2のキャリアを介護職に定めます。

その後、さまざまな利用者と関わるなかで、澤田には鮮明に覚えている出来事があります。「家族と暮らしていたALSの女性がいたんです。彼女は延命を希望していませんでした。延命拒否の理由は分かりませんが、息を引き取られた日、私は支援に入っていたんです。彼女はすでに意識がもうろうとしていて、身体からもいろいろな分泌物が流れ出てきて、最期なんだと悟ってからは、ずっと泣きながらパット交換をしていました。いつもは痛いとか苦しいとか言わない気丈な人なんですが、そのとき、ふと心の内を覗いた気がしたんです」

そこから澤田は、延命について深く考えるようになりました。「延命をしないというクライアントは病院にも連れていけず、救急車も呼べません。延命拒否は経済的な問題や、家族のためを思ってという人もいらっしゃいます。人って、どんなに親しい人でも、パートナーにでも自分の本心をなかなか打ち明けられないものです。もし、家族のためにと思って延命拒否をしているのであれば、ほかに方法はあるんじゃないかなと」

そして、こう言葉を続けます。「在宅で生活している難病・障害の方も、思いは一人ひとり絶対に違います。だとしたら、私たちが担っているこの仕事を、ご利用者の思いに沿うように少しでも役立てていきたい。ご利用者が亡くなると、『もっとこうすればよかった』という思いを抱いてしまいますが、その方の人生に一時でも関わることができたのは、すごくありがたいことだと思いますし、後悔しないよう、その経験を次につなげようと常に思っています」

さて、澤田は入社1年後コーディネーターとなり、管理業務に携わるようになりました。そして2020年10月に、前の事業所を退社して私の会社に転職、オフィスマネージャーとして働き始めます。

さらにその後、エリアマネージャーに昇格し、リスクマネジメント委員会の委員長も兼任しました。

そんなふうに精力的に活動するなか、2022年3月に再びくも膜下出血が彼女を襲います。症状から前と同じだと察知した澤田は、なんとか救急車を呼んで搬送されましたが、さすがにもうだめかもしれないと思ったそうです。しかし、途切れ途切れの意識のなかでもうひと踏ん張り頑張ってみようとも思いました。その強い意志があったからでしょう、脳梗塞も併発していましたが、リハビリを乗り越えて普段どおり仕事ができるまでに回復を遂げたのです。

大病を乗り越えた澤田は2022年9月、ブロックマネージャーへと昇格しました。北海道・東北ブロックを管轄しています。従業員たちが心身ともに健康を保ちながら、より良いチーム、力強いブロックとなるため業務に取り組んでいます。

今、澤田が見ている会社のビジョンとは――。

「平たく言えば、『ムラ』のような形のコミュニティをつくり上げたいです。例えば、北海道・東北各地に当社の事業が一つ二つ入った小さなムラをたくさんつくり、そこにヘルパーや高齢者・障害者、地域の方が集まってくれれば、近所で気軽に介護を受けたり、介護を提供できます。それによって介護のイメージ自体も変えていければいいですね」

安定したサービスを経営戦略で支える業界のリーディング・カンパニーを目指して

佐々木直巳（経営戦略室シニアディレクター）

佐々木直巳は私の会社に新設されたばかりの経営戦略室に所属し、事業計画やP／Lの作成など、経営の根幹を担う仕事に従事しています。バブル最晩期の凋落を目の当たりにした証券外務員時代、外資系子ども向け商品の小売り、そして父親の介護を経てたのがこの仕事でした。

日外に遊びに出かけてばかりの腕白な子どもでした。家の目ったので剣道にも熱中し、中学からはテニス部に入って汗を流

部に進学し、卒業後は縁あって証券会社に就職します。1980年代とル景気でした。佐々木は営業部に配属され、猛烈な企業戦士として朝も夜も闘します。

しかし、90年以降はバブル終息の兆しが見え始め、証券業界にも厳しい冬の時代がやってきました。株や不動産が暴落し、株式投資から一斉に投資家が逃げ出してしまい、手数料収入も減っていきました。自身の営業努力ではどうにもならず、転職を余儀なくされた佐々木ですが、「精神的にはかなり鍛えられたなと思います。とにかく忙しくて身体も壊しましたが、根性も身についたと思います」と笑い飛ばします。佐々木は8年の証券外務員人生に別れを告げました。

次の仕事は小さな子ども向けの玩具や自転車を販売する外資系企業でした。家で食事をするようになった佐々木はそのときようやく妻や子どもとまともに向き合い、人との

接し方を見つめ直します。愚痴一つ言わずついてきた妻の内面や、引っ越しの日に友達と別れたくないと泣きじゃくる息子の気持ちを考えるようになりました。「家族でも気持ちを分かり合うのは難しいです。自分の基準で大丈夫だろうと思っても、本人はそうじゃないっていうことがたくさんあるわけじゃないですか。元気づけてあげようなんて、おこがましいかもしれないし、相手にとっては迷惑かもしれない。当時、転勤辞令は絶対で、家族には事後報告で進めていたわけですから、子どもには申し訳なくて、内心反省の日々ではありましたが、そんなことを初めてじっくりと考えさせられました」

仕事人間の佐々木ではありますが、働くモチベーションは名誉やお金を求めるだけではなく、やりがいや希望が必要なタイプです。14年間、外資系会社で働いたのち、ついに2018年に介護業界へとやってきました。

きっかけは父親の介護でした。認知症で脊柱間狭窄症の持病があり、日を追うごとに歩けなくなっていく父を母に任せきりにしないで、自分が面倒を見ようと思ったのです。しかし、いざ同居を始めてみると想像以上に大変でした。

佐々木は介護の大変さを身をもって学んだ一方で、介護業界は人の役に立って、かつまだまだ開拓が必要な、今後も成長がみられる業界だと感じます。そして、ある介護会社に就職し、そこで重度訪問介護を始めました。重度訪問介護はほかの介護とは違う面白み、やりがいがあると感じたと言います。

佐々木は未経験ながらヘルパーとしてさまざまな障害をもつ人へのケアを始めました。3カ月が経つ頃にはコーディネーターに昇進しました。しかしそこで、ある困難を味わいます。「ものすごく物言いの強いクライアントがいて、入ったヘルパーが次々と精神的に追い詰められて、そのクライアントのもとでは働けなくなっていくんです。半年で30人ほどが交代しました。それでも現場を切り捨てるという考えは私にはなかったですね。クライアントのそうした性格、素養も含めて支援する責任がありますから。けれど、一方でヘルパーはどんどん辞めるし、人件費も掛かる。私も新人の同行でほとんど毎日、夜勤に入っていました。泣きながら夜中に電話を掛けてくるヘルパーもいて、そんな日の朝は、喫茶店で話を聞いてあげたりしていました」

佐々木は精神保健福祉士を招くなどして、家族も巻き込みながら解決策を講じていきました。スタッフと話し合いを重ね、それまで3人体制だった支援を7人に増やして、一人ひとりに掛かる負担を減らしてみるなどです。「さまざまな角度から検証し試行錯誤を繰り返しました。実状を話し合いながらみんなで現場を守った経験は、大変でしたが勉強になりました」

入社から1年後の2019年夏、佐々木は栃木県に新規事業所を立ち上げました。その後は埼玉県、千葉県や山梨県など各地を飛び回ります。そうこうするうちに、介護職を始めて2年半が過ぎた頃、佐々木は私の会社に転職してきました。

転職の動機は、持続的に障害をもつ人への支援を続けていくためにも、本当の姿でのソーシャル・ビジネスを体現しようとする私の会社の方針に共感したことでした。

その頃、当社は独立のタイミングでした。佐々木は人事部を任され、手始めに約800人の雇用契約を引き受けます。雇用契約だけでなく労務管理系の業務を社労士と一緒に対応しなければなりません。さらに佐々木は創業間もない2020年12月から年末調整の対応にも奔走しました。1月には給与計算の引き受けと同時に雇用体系、評価制度設計などを行い、それによって得られる国からの助成金の申請も手掛けました。幸いにも、かつての職場で経験してきた人事労務関係の知識や経験が役に立ったようです。

２０２１年11月には社長直属の経営戦略室に異動し、現在に至ります。経営戦略室とは、中長期的な事業計画の策定や、社内向け財務諸表の作成などを行う部署です。経営に関するコスト削減や事業所を拡張するためのM＆A、組織再編、マーケティングなどの戦略立案・予算策定にも取り組みます。そうして必要な経営改善を行うことで、売上や利益に貢献していく一方で、次世代に事業を継承していくために、お金を残すという仕事もあります。

経営戦略という新たなやりがいのなかで、佐々木は会社のこれからについて政治的な影響力も必要だと語ります。「介護の世界では２０２５年問題と危機が差し迫っています。しかし、政治的な力がないと現状を打破するのは相当困難です。こんなときに国会で出てくるのは処遇改善、賃金改定の話くらい。より踏み込んだ障害福祉に関する議論が全くといっていいほど表に出て来ないのが実状です。理由の一つには、これは推察ですが、介護業界全体にまとまりがなく、政治的な票田に結び付いていないからではないかと思うのです。今はまだばらばらの福祉業界ですが、もしここで当社が業界団体を一つにまとめていくことができ、政治的影響力も生まれたらと考えます。障害福祉をより社会に広めていくには、どのような手立てが必要なのか。それを探っていくのも我々の使命だと思っています」

クライアントとのあたたかい出会いに支えられて「ありがとう」で疲れが吹き飛ぶ

林田一美（大阪　常勤アテンダント）

林田一美は常勤ヘルパーとしてＡＬＳ患者の暮らしを支えています。林田が現在の仕事と出合ったのは２０１８年のこと。歯科助手として働きながら、掛けもちできる夜勤の仕事を探していたとき、ふと目に留まったのが介護の仕事でした。自宅の近くで夜間の介護ヘルパーの求人はたくさんありましたが、その多くが高齢者介護施設でした。林田は「大人数の施設より、じっくりやれるほうがいいな」と考え、当社の重度訪問介護の仕事を選びました。

とはいえ、林田にとって介護の仕事は全くの未経験です。重度障害者と対面すること自体も初めてでした。そんな林田が最初に担当することになるのがＡＬＳ患者だったのです。そのとき「私みたいな初心者が来て、助けになるんだろうか」と思ったと林田は言います。

３日間の研修を受けたのち、林田はさっそくクライアントのもとへ向かいました。そこで洗礼を受けます。「研修で習ったことと現場の状況は個々で全く違っていて、当てはまらないことだらけでした。知識として覚えていたとしても、そのとおりに行えばＯＫというわけではないんです。クライアントの症状は日々変わっていきますし、気分やその日の体調からの変化もあります。今まではこのルールだったけど、５分後には変わるかもしれない。それが普通なのだということがだんだん分かってきました」

介護未経験の林田がまず取り組んだのは、クライアントに言われたことをとにかくすべて覚えることと、どういうふうにしたらその時々の体の状態を安定させることができるのかと、目の前のクライアントと向き合うことでした。

幸いクライアントの家族は彼女が初心者であることを理解し、介助も不安なところは一緒にやってくれました。クライアントもその時点では少し発声ができたので、具体的にいろいろ教えてもらうことができました。「心配しなくても2、3カ月したら筋肉モリモリになるよー」と明るく言ってくれたこともあるそうです。

あたたかな出会いに支えられ、林田は現場での介助やコミュニケーションの方法を徐々に身につけていきます。

当時、彼女は夜勤の非常勤ヘルパーとして当社で働くかたわら、日中は歯科助手の仕事を掛けもちし、さらに父の介護も行っていました。かなりしんどかったと笑いながらその頃を振り返りますが、そんななかでも休むことなく、謙虚にクライアントと向き合う林田にあるチャンスがやってきました。

コーディネーターから「正社員にならないか」と声を掛けてもらえたのです。子どもがいる林田にとって、それは願ってもない提案でした。仕事を始めて3カ月、林田は正社員として再スタートをきることになります。

林田が日々関わるＡＬＳ患者とのコミュニケーションは、文字盤やパソコンを使ったやり取りが中心です。その対話には言語だけに頼らない感性や、心を開いて小さな声に耳を傾ける、一人の人間としての技術が求められます。

そんな林田がクライアントとの日々を並走していくために大切にしている役目があります。それはクライアントと家族の橋渡し役です。「本人には家族に分かってもらいたいという気持ちがあるのですが、さまざまな事情があって口に出しにくい部分があるんですね。それを私が聞き出して、うまく家族に伝えることが私の役目です。時には、それが本人の意思であると家族に知られたくないということもあります。そんなときはバレないように間で立ち回ります。誰かの側につかないように、その間に入らせてもらって代弁する。そんな役目ができたらいいなと思っています」と林田は語りました。複雑な気持ちが行き交う支援の場ならではの重要な役目です。

それ以外にも、会話すること自体がしんどくなってきたクライアントには、文字盤を使って、長く時間が掛からないようにパパっと内容を読み取るなどのスキルを磨いています。こちらの読み取りに時間が掛かったり読み違えたりすると、本人が訂正を文字盤でするのもしんどいことだからです。

体調や状況によっては、クライアントから感情的な想いが吐露されることも……。そんな声を受けとめるのも林田の役目です。「本人は、本当にしんどいからそう言っているのが分かるんです。息も苦しいし、座っていても寝ていても体がきついという状態なので……。どうにかしてあげたいと思うけれど、痛み止めを入れても効かないんですね。どういうふうに解決していったらいいのか、これという正解があるわけじゃないので日々模索しながら向き合っています」

介護の現場には正解がありません。林田もクライアントと家族とともに、いかにその場でベストを尽くすかを追いかけています。

医療的ケアを行う現場には命を預かる緊張感と、命に直に触れるあたたかさが共存しています。

林田に日々の仕事との向き合い方について尋ねると、「できることを、できる範囲で」という言葉が返ってきました。林田は以前、旅行会社で働いていたことがあります。そこで、全部をこなそうとして精神的に一杯一杯になって、家に帰ってきても何もできなくなってしまったことがあったそうです。やりがいのある仕事であっても、そういう働き方をしているうちに仕事中にポロポロ涙が出てくるようになり、自分の時間が空っぽみたいに感じるようになりました。

その経験を振り返って林田は、「死ぬ間際にそれしか思い出せないのって悲しくないですか。そういう働き方は自分は違うかなと思ったんです。だからってサボるということではなく、自分なりのバランスを取りたい。そうじゃないと続かないと思うようになりました。継続するのであれば、やっぱり一定のラインでこれ以上必要かどうかを自分に聞いてみるようにしています。必要だったらもちろんやりますが、毎回継続できないことをやるというのは違うと思います」という答えにたどり着きました。

緊張感の絶えない現場で日々笑顔でクライアントの前に立つためには、仕事と自分の時間のバランスを取って継続していくことが必要なのです。

2023年の10月で林田は介護の仕事をスタートさせて丸5年を迎えます。担当するクライアントとは、お正月を家族ぐるみで過ごすなど、仕事という垣根を越えて関わるようにもなっています。そして、今は介護福祉士の資格取得に向けて、仕事の合間を縫って勉強中です。

最後にこの仕事の良いところ、大変なところを聞きました。

「精神的な支えになるときも、助言をするときもあります。必ず頼りにされていると感じるときがあるし、『ありがとう』と何回も言っていただけます。どんなにしんどくても、文字盤を読んだりパソコンで一生懸命に入力してくれているのを見たら何もかも吹き飛びます。その瞬間があるから、きついことももち堪えることができるっていうのは、この仕事にしかない魅力だと思います」

クライアントの「生きる」に併走する「おってくれてよかった」って言われるような人でいたい

魯山香織（関西　ブロックマネージャー）

目の前のやるべき仕事に追われていると、ふと自分の生き方とずれていることがあります。関西ブロックマネジャーとして働く魯山香織も、人生を見つめ直し自分の思う生き方に立ち返りたいと考えて、介護の仕事を選びました。

兵庫県・神戸市で生まれ育った魯山は7歳のとき、阪神・淡路大震災を経験しています。彼女の世代は、震災を実体験として記憶している最後の世代だといわれています。その原体験があったからでしょう、高校は震災の教訓をもとにつくられた環境防災科のある学校へ進学しました。

環境防災科は全国でも珍しい学科であるため、県内外から広く生徒が集まってきます。授業は一般科目以外に防災やボランティアに関する専門的な科目がありました。地震が起きるメカニズムを学んだり、夏休みには海外へボランティアに行って現地の生活を体験したりなどします。

軽音楽部に所属し、バンドのギターを担当していた魯山は、オリジナル音源のCDを出したり、ライブハウスでライブを開催したりするなど高校生活を思いきり楽しみます。やがて卒業後の進路を考える時期が来て、自身のこれからと対峙したとき、こんな思いを抱きます。

「高校の同級生はみんな意識が高くて、卒業したらNPOに入る、教師になる、消防士になる……と夢や自分の生き方が決まっていたんです。私はそのなかで、自分が何がしたいか分からず、ちょっと恥ずかしい思いがありました」

魯山は2歳のときに母親と死別しています。父が再婚する4歳まで祖母の家で暮らしていました。父と継母と暮らし始めたものの関係性はあまり良くなく、魯山のなかには大学に行くことより、まず家を出て親元から離れることがいちばんの目標としてあったのです。しかし高校には就職希望の生徒がほとんどおらず、進路指導も手厚くはありませんでした。魯山は人の役に立つ仕事に携わろうと決めますが、進路指導室には限られた求人情報しかなく、そのなかから選ぶしかありませんでした。「大人になった今なら、もっとほかに調べる方法があったと分かりますが、そのときの私には難しいことでした。だから住宅提供をしてくれる介護職を選んだのです」

魯山は高校卒業と同時に名古屋に引っ越し、認知症の高齢者グループホームで働き始めました。

消去法で選んだ仕事でしたが、働きながらの生活は毎日が新鮮でした。料理や掃除、人生の先輩である高齢者との日常会話——そんな生活技術も10代の魯山にとっては初めてのことばかりでした。

「グループホームで出会ったおじいちゃん、おばあちゃんはすごくかわいかったです。いい思い出しかないですね。一人暮らしを始めてホームシックで泣いていた時期もあったのですが、2、3カ月経ったらすっかり名古屋になじみました。新卒はみんな10代で入ってくるので歳の近い兄妹みたいでしたし、グループホームのホーム長がお母さん役・お父さん役でした。その人たちとの出会いが大きかったと思います」と魯山は語ります。

グループホームでの失敗談も教えてくれました。「初めて昼ご飯を作ったときに、煮物に入れた人参が煮えていなくて、おばあちゃんにめちゃめちゃ怒られたんですよ。『馬ちゃうでー！』って。帰って泣いたっていう思い出があります」

そんなアットホームな雰囲気のなか、働いていた魯山ですが、やはりまだ18歳です。故郷や友達への恋しさが抜けず、1年ほどで地元の神戸に戻り、親友から紹介された携帯電話会社に転職します。ガラケーからスマートフォンに切り替わる少し前の頃でした。

「夜勤もしないでいいし、うんこも触らんでいいし、お給料もいいし、なんていい仕事なんだろう、なんて10代の私は思っていましたね」

しかし、名古屋にある思いを残してきたことが引っかかっていました。というのも、本当は魯山はケアマネージャーになりたかったのです。当時は介護職を上り詰めた先にあるのがケアマネだと思っていたのですが、ケアマネになるには実務経験が足りません。そのため、携帯電話会社で働きつつも「早く介護の世界に戻って経験を積まないと」という気持ちがありました。

ところが、気づけば携帯の仕事にどっぷりはまり、10年が過ぎてしまいます。携帯電話会社は数字の世界で、売れると上司が褒めてくれます。それが心地よくて、つい仕事に熱中してしまったのでした。魯山は管理者を務めることになり、上司から厳しく鍛えられます。

「上司から言われていたのは『その子の人生ごと面倒見るっていう気持ちで、部下のことを見なあかん』ということでした。今でこそブロックマネージャーという役職に就かせてもらっていますが、もともとは人を育てるより、自分がずっと上司に甘えてかわいがってもらいたいタイプです。でも初めて管理者になって、部下を育てる楽しさやチームで一つのことをやり遂げる達成感を知りました。19歳から30歳まで働いたので、自分という人間がそこでかなりつくられました」

魯山が携帯電話会社に勤めて10年が経った2019年の頃でした。市場を占めるようになったスマートフォン出荷台数の勢いが少しずつ陰りを見せ始め、複雑になった契約や仕組みとともに顧客獲得競争も激しさを増してきます。魯山は携帯電話会社を辞めて介護職に戻ろうと決めました。そのとき思ったのは、自分がもっと優しい人間だったはずだということでした。数字に追われ、人間関係のしがらみも煩わしく感じ始めて、心がギスギスしている自分に気づいたのです。

「もっと必死に生きている人だっているし、もっと今に感謝して生きていくことができるはずやのに……。だから、人のことをああだこうだ言う生き方をもうやめたいって思ったんです。いろいろな病気と闘っている人たちと接することで、自分の思う生き方に立ち返ることができるはずだし、そういう人生にしたいって強く思いました」

魯山は携帯電話会社を退職し、私の会社に転職しました。日々への感謝や人に優しくなれること、それを感じられるのが重度訪問介護のいいところかもしれないと考えていました。

ただ、転職当時は重度訪問介護にこだわりがあったわけではなかったそうです。魯山は転職動機についてこう話します。「今、新規採用の面接をしているのですが、施設経験者がこの世界に来ることが本当に多いんです。『一人の人と向き合って仕事をしたい』という志望動機が多いですね。私自身はグループホーム時代も一人ひとりに思い入れはありましたし、急かされるような業務じゃなかったので、そういう気持ちはありませんでした。単純に給料水準が高かったことと、グループホームとは別の介護経験をしてみたいという動機からです」

10年ぶりの介護の仕事。魯山は最初の現場に入り、いろいろな家庭があることを改めて知りました。ＡＬＳや脳性麻痺など同じ病気でも、取り巻く環境が変わればその人の今の生き方も考え方も変わってきます。延命治療を希望するのか、しないのかということだけでもそれぞれに考え方や選択が違います。ヘルパーは他人でありながら、人生を決めるその大切な場に居合わすことができるのです。健常者のなかで生きていたのではまず関われないことを経験し、教科書では学べないことを学んで人間的にも成長していくのです。

その後魯山はコーディネーターを経て、２０２１年4月に大阪事業所のエリアマネージャーに、２０２２年10月には関西ブロックマネージャーに抜擢され、今に至ります。

ちなみに、私の会社ではキャリアアップの際に、同僚やヘルパーからの多角的な意見をもとに、個々人の実績を客観的に評価していく制度があります。魯山は周囲の信頼が厚く評価制度でも高い評価を受けて、現在の役職に就きました。

魯山は昇進にあたり、背中を押してくれた人の気持ちを無駄にしたくないという思いがとても大きかったと話します。「『魯山さんはおってもおらんでもどっちでもいいよね』って言われるより『おってくれてよかった』って言われるような人でいたい。そのほうが、自分が幸せだと思うので」

現在、クライアント100人、スタッフ200人を抱える関西ブロックは、全国展開する当社のなかでも最大規模のブロックです。魯山が今、ブロックマネージャーとしてやるべき職務として取り組んでいるのが、売上を上げて関西ブロックを大きくしていくことです。

「売上が上がって組織が大きくなることは、多くのクライアントの声に応えられている証明にもなります。例えば、あるクライアントが延命することを選んだのであれば、これからもずっと長生きしてもらえるように、会社は存続していかねばなりません。会社が存続するには社員の満足度や待遇を維持していくことが大事で、そのために売上が必要だと考えています。私はケアの現場も好きですが、現場だけに偏っていると、みんなで切磋琢磨して売上の目標を達成していくようなチームとしての仕事の満足度は得られにくくなります。だから運営側に立って数字に携わらせてもらえることに、働きがいを感じています。ブロックのみんなは本当に優しくて、誰かが困っていたら損得考えないで協力しようっていう人たちが集まっています。今の環境に感謝して、みんなで事業所を大きくしていきたい。私は関西の人たちがすごく好きなので、その人たちが一人も欠けることなく、和気あいあいと続けていけたらいいな」

大所帯となった関西ブロックのこれからを担う魯山の眼は、未来を見つめてきらきらと輝いています。

大病を乗り越え、障害をもって生まれた子を育てる「東北のおかあさん」会社の取り組みが息子の明るい未来をつくる

白鳥美香子（東北　エリアマネージャー）

3人目の子どもを妊娠中、悪性リンパ腫を宣告された白鳥美香子は障害をもって生まれた子どもと自身の闘病のなか、後悔しない人生を送ろうと決意します。失敗も、他者からの目も、自分が介護に対してもっていた暗いイメージも、未来へ進むエネルギーに昇華して、あとに続く人たちをおおらかに育てています。

白鳥は自身の出身地でもある宮城県仙台市でエリアマネージャーとして活躍しています。

小さい頃の白鳥はとにかく外で遊ぶのが大好きで、真っ黒に日焼けをした女の子でした。中学でバレーボール、高校では弓道に励み、卒業後はホテル業界の仕事に就きました。そこで受けた接遇やマナー研修は、今も役立っています。1999年に結婚し、翌年に長男を出産、その2年後に長女を出産しました。そして、第3児となる次男を妊娠

中の2004年に、白鳥自身が悪性リンパ腫を罹患します。

白鳥は思いがけない診断結果で実感が湧かず、混乱してしまいます。お腹や背中に激痛が走って無事に出産できるのか、不安がずっとつきまとっていました。

悪性リンパ腫の治療は抗がん剤を使うため、胎児への影響を考えて治療は出産後でないとできません。白鳥は予定よりも早い段階で帝王切開により出産。出産2週間後から抗がん剤治療を始めました。

苦しい治療が続くなかでさらなる衝撃が彼女を襲います。小児科の医師から次男に障害があることを告げられたのです。妊娠7カ月で生まれた次男は出生時、呼吸器をつけてNICU（新生児集中治療室）の保育器で過ごしていました。その段階で脳質周囲白質軟化症（脳性麻痺）で障害が残ると医師から宣告されました。

退院してからも次男の呼吸が突然止まり、救急車で搬送したこともあります。生後半年には、点頭てんかんという小児慢性特定疾患の難病にかかりました。

次男の障害と長男・長女の子育て、自らも抗がん剤治療をしながら困難を乗り越えられたのは、母の精神的な支えや手助けがあってこそだったと言います。「抗がん剤で吐き気や体のだるさが強く、育児まではなかなかできませんでした。それを見かねて母が仕事を辞め、子どもたちの世話をしてくれたんです」

白鳥は病と闘いながら、母親の協力のもとで子どもたちとの生活を大切に守っていきました。

白鳥の闘病は過酷なものでした。抗がん剤を打ったあとは1週間ほど吐き気やだるさが続き、収まっている残りの1週間で子どもたちの世話をしなければなりません。そんな生活が1年ほど繰り返されました。

髪の毛が抜けてしまったときも周りに悟られないよう、帽子やウイッグなどで隠して気丈に振る舞っていましたが、内面には苦しみがありました。「ステージ4だったので、果たして治るのか不安でした。何より『子どもたちを残しては死ねない』というのがありました。次男も障害が残るということが分かっていたので、余計に心配でした。自分がもし死んだら、子どもたちはどうなるんだろうと……」

そして、彼女は自身の人生を強く意識します。「やり残したことがないように、好きなことをやらなきゃって。後悔のない人生ということを常に考えていました」

親のありがたみ、周りの人たちのあたたかさも身に染みました。若いがゆえに自分で生きてきた気になっていたのが思い上がりだったことに気づき、生き方がガラッと変わったと言います。

治療が終了し、髪の毛が生えそろってくるにつれ、白鳥は前向きな気持ちを取り戻していきます。最大の理解者である母親の協力を得て、長男長女の学校のPTA役員を務め、部活動の付き添いや遠征・大会にも行くなど、活動的に行動していきます。さらに病気の発症から5年が過ぎ、体調も回復した白鳥は総合病院で働き始めました。しかし、職場では自身の病気や障害のある次男の話はしなかったそうです。

「大変そうに見られたり、かわいそうだなと思われたくなかったんです。早退も仕方ないよねと見られるのも嫌で。みんなと同じ立場で働きたかったんですね。ただ、どこかでやっぱり苦しかった。当時はありのままの自分じゃなかったのかもしれません」

白鳥は今を精一杯生きる一方で、先のことを考えることが多くなっていきました。全介助が必要な次男の将来を考えると、時間が拘束されてしまう病院勤めは家を守ってくれている母親に何かあったときに対応できません。白鳥は2018年、子どもたちのためにも時間に融通が利きやすい仕事にしようと考え、重度訪問介護を始めるのです。

「もともとは介護を仕事にするつもりはありませんでした。家でも仕事でも介護となると、ずっと介護になってしまうからです。それに介護には暗いイメージももっていて、心のどこかで人からかわいそうとか、そんなふうに見られるんじゃないかという思いもありました。でも次男の障害としっかり対峙していこうと考えるようになったのです」

白鳥は無資格・未経験でこの世界に入りました。障害のある子をもつ親たちは、いずれ自分の子どもが介護を必要とするのが分かっているので、多くの場合、子どもが小学校に上がる前の早い時期に介護の勉強をして初任者研修を受けます。しかし、白鳥はそうではありませんでした。次男の障害を受け入れることが難しく、次男が3歳のときに障害者手帳を取ることも迷い、自身が介護資格を取ることにも前向きになれなかったからです。「当時の私はいずれは健常児に戻るんだとか、少しでも障害が軽くなるんだと思いたくて、息子の障害にちゃんと向き合っていなかったんだと思います」

白鳥は研修に通いつつ、毎回緊張しながら夜勤の支援に入りました。初めは顔拭きや歯磨きさえも難しく、身内に対する介護との違いに悩みましたが、クライアントの優しさに救われて、文字盤や指文字で更衣介助の手順を指示してもらいながら成長していきました。「慣れるまでは大変でしたけど、クライアントとコミュニケーションが取れるようになり、ちょっとしたへまも笑って許してもらえるくらいの仲になればもう大丈夫です」

白鳥は持ち前の明るさと度胸、人懐っこいキャラクターでクライアントと心を通わせていきました。その後、介護職員実務者研修を修了し、コーディネーターに昇進し、外出支援のみならずプライベートでもクライアントと外出する仲になりました。コロナ禍以前は複数のクライアントとプラネタリウムやいちご狩り、コンサートなどにも一緒に行きました。外出するとクライアントはストレス発散になり、気持ちも明るくなります。

クライアントとの関係構築ができるようになった一方で、白鳥は現場や介護スタッフの束ね役となったことで新たな悩みを抱くようになりました。特に心が痛むのはスタッフが離職するときです。自分と同じ気持ちで働いていた人が、何かのきっかけで挫折してしまい、辞めてしまったときには、自分の教え方が悪かったのか、厳しくしすぎたのかと考えてしまうのです。

スタッフを大事にしたいと考える白鳥は、スタッフの悩みに耳を傾け、必要があれば夜間でも現場に駆けつけます。これ以上できないと泣き出すスタッフをなだめているうちに、いつしか彼女は東北のお母さんと呼ばれるようになっていました。

白鳥が頼りにされる理由は、彼女の人を包み込むおおらかさ、そして度胸です。医療的ケアを怖がるスタッフに彼女はこう言葉を掛けます。「怖いのはすごくよく分かる。でも、だんだん慣れてくるし、集中力も付いてくるよ」と。白鳥は学生時代にやっていた弓道と同じだと話します。「心を静めて集中する。シンとした空気のなかで、的を射抜くときに何秒か静止するんです。矢と的しか見ていない時間。それで集中力が付いたのかもしれません。今もたまに近くの武道館に行って、練習しています」

彼女はやがて宮城エリアをまとめるエリアマネージャーに昇進します。そして、2020年11月、私の会社に入社してきました。

白鳥はエリアマネージャーとしてヘルパー育成やコーディネーターのフォローに励む

かたわら、医療的ケアの登録研修機関の担当もしてきました。仙台の組織づくりもできあがってきたことで、現在は東北エリアのヘルパー養成研修事業所の運営を任されています。そんな白鳥は、ヘルパーにとってお母さんのような存在でありたいと語ります。

「あそこに行けばあの人がいる、安心できるという存在になりたい。そして一緒に働く仲間とともに、事業所を働きやすい環境にしていくことで介護業界の担い手を1人でも多く増やして、事業の発展につなげていきたいです。私の会社のMVV（ミッション・ビジョン・バリュー）にある『小さな声』を探し求め、応え続けていくことが今後の目標です」

白鳥にはもう1つ、かなえたい夢があります。「息子の将来、これがいちばん考えるところです。私は先に死んでしまいますが、そのときに家族以外の人たちの手助けが必要になります。本人が楽しく生活できるようになればと思いますが、やっぱり不安です。子どもが生きている間は私も生きていたい。それが正直な気持ちです。だから、みんなでわいわい介護ができるようになればと願っています。私の会社の取り組みが息子の明るい未来につながると信じています」

第4章
利益の出る仕組みをつくり、従業員には高い給料を支払うことでサービス品質を高める
「福祉は清貧であれ」という業界の常識を覆す

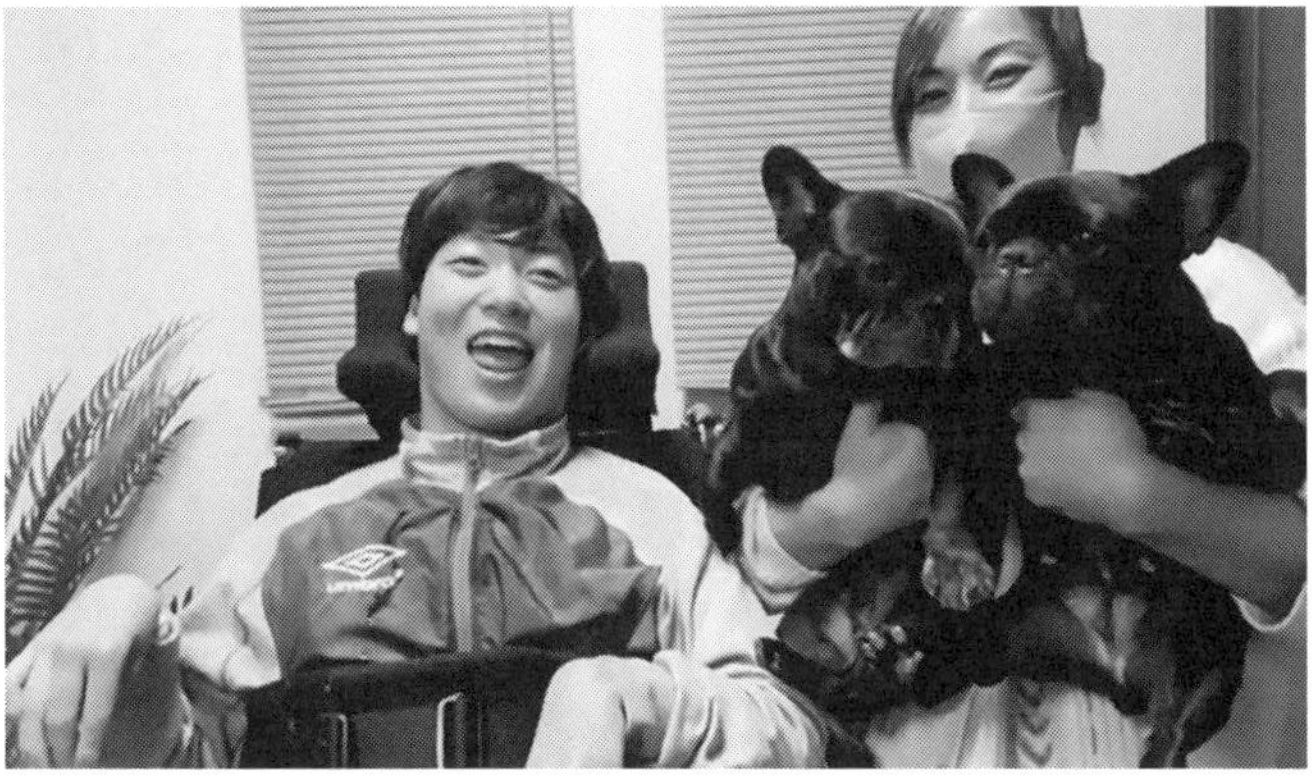

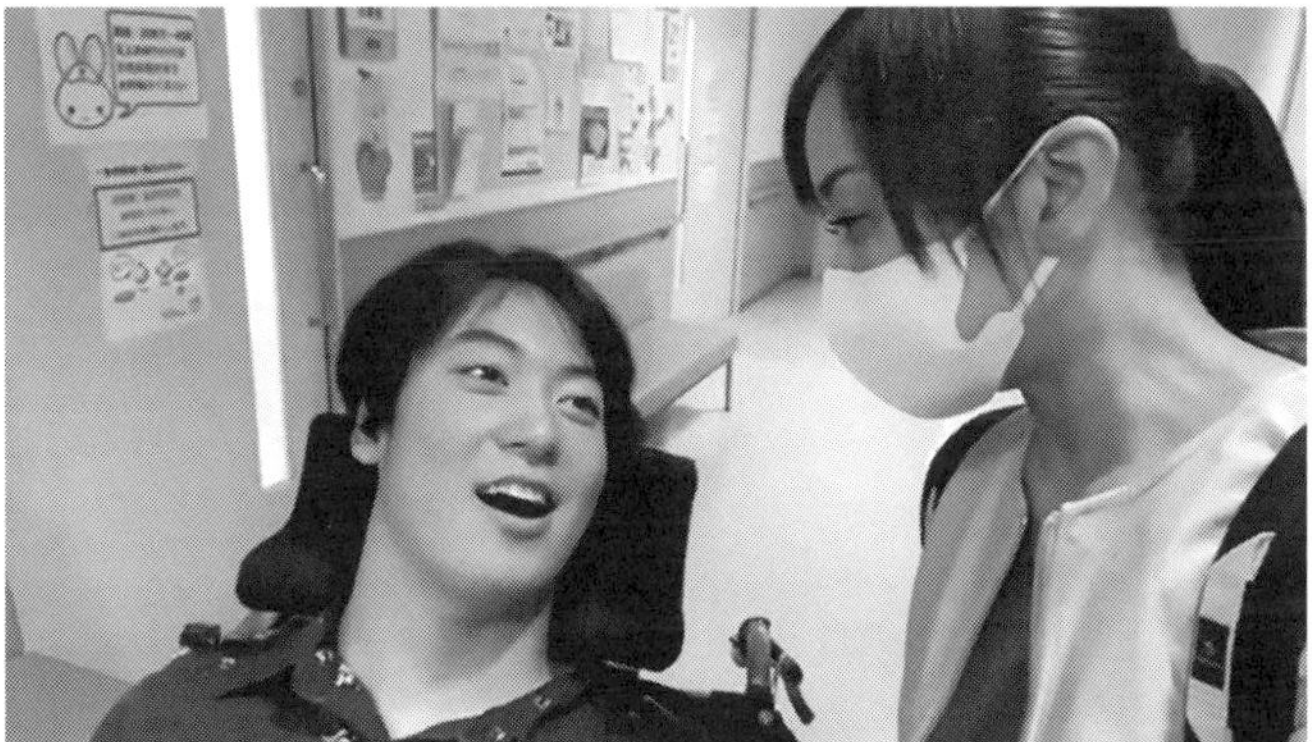

介護以外のやりたいことも社内起業でチャレンジ可能

私の会社では社員一人ひとりのやりがいを大事にしています。介護の仕事で質の高いケアを提供し、クライアントに喜んでもらうこともやりがいですが、それ以外にも社員本人がやりたいこと、得意なことがあれば社内起業の機会を与えるなど会社としてどんどん応援します。

例えば私の妻は、編集やライティングの経験を生かして出版部門「土屋パブリッシング」を立ち上げました。障害や難病の当事者、福祉の研究者、介助の現場スタッフらによって生み出される声をアーカイブし、電子書籍というかたちで発信する取り組みを始めています。病や障害を含む私たちの生を出版活動によって見つめ、共に生きるものとしての存在の在り方、ケアの意味を探求します。

また、社長室長を務めている宮本武尊という役員は、子どもの貧困問題に取り組もうとしています。彼は元キックボクサーでジムのインストラクターをしていたのですが、イタリアで自分のジムを設立するという夢を目指すなかでたまたま私たちの会社の取り組みを知り、興味を抱いてアルバイトを始めました。私が前の会社で重度訪問介護事業を新しく始めるタイミングでジョインしたのが彼で、その人柄やガッツを見て現場ケアの適性があると思い、医療的ケアを必要とする最重度のクライアントを担当してもらいました。全く未経験からの重度訪問介護でしたが、すぐにクライアントやご家族から厚い信頼を得ていきました。

ソーシャル・ビジネスのすばらしさに魅了された彼は今、社長室長として私の仕事の補佐を担いながら「子どもの貧困問題を解決する」という新たな夢に向かって進んでいます。宮本自身も子どもの頃に貧困を経験しており、自分と同じような子どもを支援したいという情熱があるのです。具体的には新しくNPO法人を立ち上げ、各地で「こども食堂」を行っていく計画です。私はそんな彼の考え方に共感し、すぐに新しい取り組みのバックアップを約束しました。介護分野だけでなく児童福祉分野にも支援の手を伸ばすことができるのは、私としてもたいへんうれしく思います。

こんなふうに社員がやりたいことで事業実現性があるものについては、惜しまず支援していきます。自分の夢や目標にチャレンジできることは社員のモチベーションやエンゲージメントの向上になり、質の高い仕事やチームワークが引き出せます。

私はほかにも社員のなかから「これがやりたい」「この社会課題が解決できないか」という声が出てきてほしいと願っています。高齢・児童・障害のすべてを包括する「トータルケアカンパニー」として多くの社会課題を解決していきたいからです。

主軸事業である重度訪問介護（「ホームケア土屋」）のほかに、訪問看護事業（「訪問看護ナーシングプラス土屋」）、デイサービス事業（「デイホーム土屋」）、就労継続支援B型事業所（「あぐり工房土屋」）、相談支援事業所（「Nexus（ネクサス）土屋」）、CSR事業（「TERRATETTO（テラテット）」）の子育て広場や障害者支援シェアハウスなど、たくさんの事業や取り組みがあります。またグループ会社には、東京都足立区で複数の介護事業を営む有限会社コスモス、認知症対応型のグループホームを運営する有限会社のがわ、農福連携事業を展開する株式会社アグリーの水耕栽培野菜生産などがあり、それぞれに多彩な人材が活躍しています。

福祉に関わってきた人はもちろん、全く違う分野の職業知識や経験をもつ人の参加も大歓迎です。志やビジョン、夢をもった人が集まり、知恵や力を出しあうことで、クリエイティブな創発が起こってくるはずです。

こうしたチャレンジングな投資をしていけるのも確かな資金力があってこそです。

自社で介護人材を育成し、現場へ送り出すヘルパー養成研修事業所の仕組み

未経験や異業種からの転職組がすぐに活躍できる仕組みとして、自社で運営する「土屋ケアカレッジ」というヘルパー養成研修事業所があります。資格修了後は速やかに私の会社の運営する訪問介護事業に就業できるようになっているので、すぐに現場でヘル

パーが必要だというニーズに対応が可能です。

・重度訪問介護従業者養成研修　統合課程

重度訪問介護は難度の高い介護ですが、3日間合計約20時間と比較的短期間で修了できる重度訪問介護従業者養成研修を取得すれば従事できます。通常は「基本課程」と「追加課程」が必要ですが、さらに医療ケアに対応するためには「喀痰吸引等第三号研修」が組み込まれた上位資格の「統合課程」を修了しなければなりません。私の会社で開講しているのは「統合課程」です。

カリキュラムの内容は、障害福祉の考え方や歴史などの座学、基本的な介護の実技、喀痰吸引、経管栄養等の医療的ケアの実技などです。資格取得は最短3日で可能で、未経験者はもちろん、介護経験者が医療的ケアの資格を得るために受講するケースもあります（ただし、実際に医療的ケアを行うには別途、実地研修の修了が必要になります）。

・介護職員初任者研修

介護保険制度の訪問介護サービスに従事するには、基本資格として介護職員初任者研修（旧ホームヘルパー2級）が必要です。

介護職に必要な基礎知識・技術を取得する研修で、介護職員としてはもちろんですが、家族の介護などプライベートでも役に立ちます。自宅学習およびスクーリングでトータル130時間のカリキュラムを受講し、筆記試験に合格することで修了証を取得できます。

・介護福祉士実務者研修

さらにキャリアアップをしたい人は、介護福祉士実務者研修（旧ヘルパー1級）の資格も取得することができます。実務者研修を修了すると、サービス提供責任者になれるなど介護職として昇格ができたり、資格手当がついて収入アップができるというメリットがあります。またこの資格取得が、国家資格である介護福祉士の受験資格に必要となります。

なぜ従業員に高い給与を払えるのか
ニーズの高さと加算請求の仕組み

さて、給与水準の低い福祉業界でどうして社員に高給を払うことができるのかと不思議に思う人もいると思います。

私の会社がどのようにして利益を出しているのか、その仕組みの一つめとして、そもそも重度訪問介護が社会的ニーズの高いサービスであるという点があります。現状では重度障害者のニーズに事業者側の供給が追いついておらず、サービスを担うことができれば、その希少性から依頼が殺到します。依頼が来て、行ける人さえいれば必ずヘルパーを派遣していますが、切実にある潜在的なニーズをカバーできているのはまだ3割程度、という実感です。

また、重度訪問介護事業においては国内最大手なので、「重度訪問介護　事業所」でネット検索すれば必ず私の会社の情報に出合うことになります。また、当事者間のネットワークで情報を知る人や、自治体や地域のケアマネージャーとも連携を図っているため、そちらから紹介されるケースも多くあります。

今後はもっと「施設から地域へ」の流れが加速するはずなので、ニーズがなくなることは考えにくく、こちらのサービス提供体制さえ整えることができれば、事業拡大の余地は大きいと考えています。

二つめとしては、重度訪問介護は介護報酬の加算制度があり、クライアント1人当たりの単価が高い点があります。

重度訪問介護の報酬制度は「基本報酬＋加算報酬」で計算します。基本報酬は何時間サービス提供をしたかで変わりますが、大半のクライアントが長時間の利用になります。24時間の常時介護の場合は、1日当たり4140単位（1単位当たり10・36円）です。

これに加えて、クライアントが包括支援（ほかの介護サービスとの併用）の対象である場合や障害程度区分6（最重度）に該当する場合、夜間・深夜・早朝の時間帯にサービス提供する場合、医療的ケアを提供した場合など、さまざまな加算制度が設けられています。

重度訪問介護の報酬制度はほかの介護サービスと比較して基本報酬こそ低いものの、運営体制などを整備して各種加算などを取得するとそれなりに手厚く設定されており、1カ月の総額になると大きな報酬額になります。なぜそれなりに手厚いかというと、国が推進したいと考える事業だからではないでしょうか。報酬を高くすることで参入する事業所が増えることを期待していると推測します。

利益を最大化し、事業成長を続けるためのDX

自社で行っている利益最大化の取り組みもあります。その1つが社内のDX（デジタル・トランスフォーメーション）です。介護現場ではいまだに電話やファクスを使用しているところが多いですが、アナログなシステムはコスト面での無駄が多くなるだけでなく、問い合わせがあった場合などのレスポンスも遅くなるというデメリットがあります。

コスト削減と利便性の観点から、私たちはＤＸによる効率化を図りました。

本社は岡山県の井原市という小さな自治体のビルの１室です。部屋の広さは１００㎡超で、従業員２０００人超、年商50億円の規模の会社としてはかなりこじんまりしているので、外部の人に話すと驚かれることが多いです。

仕事は基本的にオンラインで完結するようになっており、会議も研修も採用面接も９割９分リモートで行っています。雇用契約もペーパーレスで行い、会計もクラウド会計ソフトで処理ができるようになっています。社内のシステムをＡＰＩ連携（アプリケーション同士を連携させること）してあるので、権限をもつ人はいつでも自分のデバイスからデータにアクセスし、作業ができます。また、さまざまなサービスと連携することで処理の自動化などが行えます。

つまり、社員が本社に出社する必要がほぼなく、最小限のスペースのオフィスや設備で間に合うのです。通勤する必要がないということは、通勤時間や交通費などのコストも削減できます。

メールやチャットなどで情報交換をすれば、オンタイムでの対応ができるためレスポンスの迅速化が図れるだけでなく、複数での情報共有ができるので、報連相の抜けや漏れが予防できます。

もっといえば、リモートで働ける仕事は身体障害のある人や家庭をもつ女性に人気です。私の会社には脳性麻痺などの障害者が複数在籍していますし、子育て中の女性もたくさん働いていています。

限られた人材や資金の有効活用という点では、最新のデジタル技術を積極的に導入していくのが正解だと考えます。そうやって節約した分を従業員の給与や事業展開のための投資に回していけば、事業成長を続けることができるのです。

質の高い重度訪問介護を提供する秘訣とは

こうした業務の効率化やスピード化は従業員の働きやすさを向上します。デジタル化できる仕事はデジタルに任せてしまって、人間にしかできない仕事をすればいいのです。

働きやすさや給与面での好待遇は従業員満足度やエンゲージメントに直結します。従業員が長く勤めてくれればそれだけ知見やノウハウ、人脈、情報などの経営資源が会社に蓄積されていくため、必然的に業務の質が上がっていくといえます。

サービスの質については、各種委員会を設置し、日々向上に努めています。災害時には、逃げ遅れなどから障害者の死亡率が高くなることが知られていますが、「防災委員会」ではクライアントを守る仕組みを構築するための取り組みを進めています。また、「ハラスメント虐待委員会」では、すぐに相談できる窓口を設置し、加害を防止する取り組みを行うほか、「リスクマネジメント委員会」では、事故が起きないためのハンドブックを配布し、ヒヤリハットなどの事例研究から、現場へのフィードバックを図っています。

ほかに、「感染症対策委員会」、「知的障害者地域生活推進委員会」、「高齢者地域生活推進委員会」など、必要なテーマに応じて専門家を招いた委員会が立ち上がり、それぞれの専門性と知見を深める学習会などが開かれ、より質の高いサービスの提供を可能にする活動が活発に行われています。

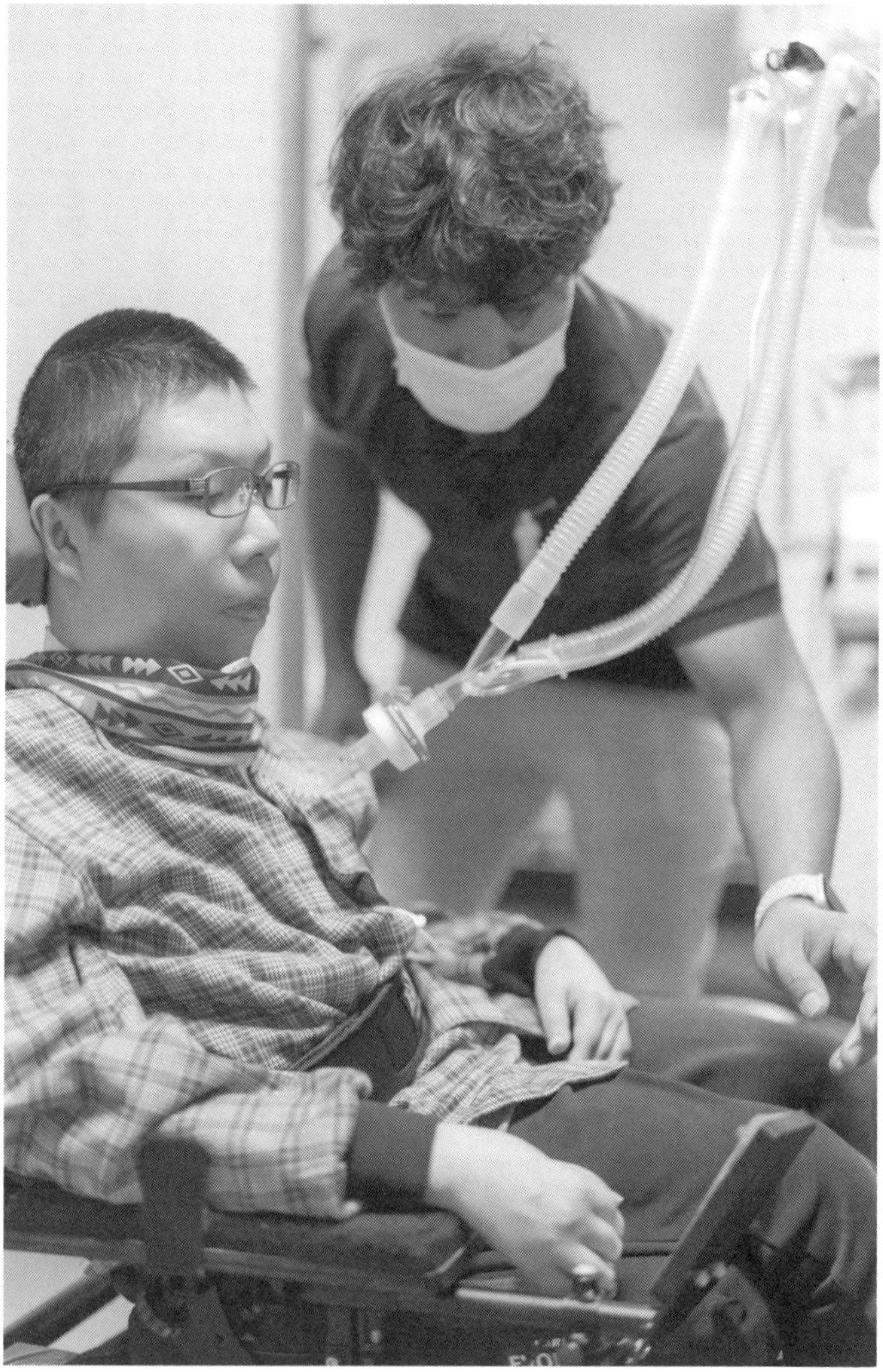

第5章

会社を成長させることが
社会課題を解決する
必要な人が必要な介護を
受けられる社会を目指して

進んでいない地域移行

国は2003年以降、障害者の地域移行を進めてきましたが、現在において進んでいるとは言い難い状態です。2022年、日本はその状況に対して、国連の勧告を受けるに至っています。

2006年にスタートした障害福祉計画において、国は入所施設から地域生活へ移行する人の割合を数値目標として設定しており、2016年度末〜2020年度末の4年間（第5期）の目標値を9％と掲げていました。ところが、2020年度末時点の実績値は4・9％にとどまっています。

この結果について厚生労働省は「地域移行者数が減少している」「施設入所者の重度化・高齢化や、地域で重度障害者を受け入れる体制が十分に整っていないことが要因として考えられる」と分析しています。つまり、地域移行が比較的容易な軽度者は脱施設が進んでいますが、重度者や高齢者は取り残されているのです。

国は旗印を揚げてはいるのですが、成果が上がっていないのです。その一方で、施設を出て家に帰りたい、一人暮らしがしたいというニーズは高まっています。重度障害者にとってその想いは切実で、病気の進行や施設でのケアの不十分さなどから待ったなしのことが多いのです。

国連はかつて国際障害者年（1981年）にちなんだ国連決議文のなかで「障害者を締め出す社会は弱くもろい社会だ」と言及しました。置き去りにされてきた障害者たちの小さな声を、私たちは知らないふりをすることはできません。

2004年、宮城県知事であった浅野史郎氏が、「みやぎ知的障害者施設解体宣言」を発出し、脱施設化と地域移行の方向性を先駆的に示して話題になりました。現在、浅野氏は私たちの会社のシンクタンク部門で特別研究員を担っています。浅野氏は、私が会社を起業する際も多大なる支援をしてくれました。日本の障害福祉制度の根幹をつくってきた心強いリーダーがまた一人、仲間に加わったのです。

47都道府県進出のその先へ重度訪問介護の空白地域をゼロにする

小さな声を拾い上げ、応えていくために、私は今の会社を立ち上げ全国の事業所拡充に取り組んできました。2023年1月に念願の47都道府県進出を果たしたのですが、まだまだ先は長いと思っています。

日本のどこに住んでいても、いつでも誰でも必要なときに必要なサービスが使えるようにしたい、もっと言えば、都市部に限らず地域に複数の事業所があって、そのなかから自分に合うところを選べるのが理想です。

もちろん私たちの会社がスピードアップしながらサービス提供対象地域を広げていきますが、ほかの事業者も協力してくれたら、さらに加速していけます。重度訪問介護に参入してくれる仲間ができるといいなと思いながら、これまでも情報発信や広報活動など、業界全体の活性化にも力を入れてきました。

私たちのやり方だけが正解ではなく、事業者の数だけ方法があるはずです。それぞれが連携を深めながら、よりよいサービスを追求していくことで多様性のあるサービスが生まれ、利用者の多様性に対応することができるのです。

一人でも多くの仲間を増やすために

そのために、ひとりでも多くの同志を得ていくことが、最大のテーマです。介護は夢のある仕事であることや、介護は人の役に立って幸せを感じられる仕事であることを、もっと多くの人に知ってもらいたいです。

給与をはじめとする待遇改善はその施策の一つです。採用の条件を無資格・未経験ＯＫとし、入社後に資格取得ができる仕組みをつくったのも、この仕事を始めるハードルを下げるためです。

今では採用チームやマーケティングチームの尽力のおかげで、私の会社の求人に毎月

1000件の応募があり、月に100〜150名を採用しています。この数字は人手不足が社会問題化している昨今の介護業界においては異例であり、取り組みの成果が出ているといえます。

採用ページには、各地で活躍するスタッフの丁寧なインタビューが多数掲載され、やりがいや苦労など、生の声が確認できるようになっています。

2022年、SNSデータ分析を行う民間企業の調査で、株式会社土屋は、SNS(Twitter, Facebook)上でZ世代が話題にした企業・組織200社にランクインしました(2021年10月1日〜2022年9月30日　株式会社No Company調べ)。Z世代が就職活動でよく参考にする19のメディアにおいて、いいねなどのアクションがあった総量を測定したものです。トヨタ自動車やディー・エヌ・エー、アマゾンなどそうそうたる企業と同じランクに入ることができました。

しかしながら、離職率は必ずしも低いとは言い切れません。業界水準からいくと低めではありますが、やはり一定数は辞めていきます。多くの場合、現場に慣れるとその後は順調にステップアップしていく人が多いですが、仕事に慣れる前に辞めていく人もいて、そこが悩ましいところです。

せっかく縁あってこの業界に来てくれた人に会社として何ができるのかを考えていくことも私の役目だと思っています。

徹底的な説明と対話 精神のリレーを受け継いでいく

さて、ここで経営者として私が大切にしたいと思っていることをお話ししたいと思います。

私には、障害者運動のリーダーから受け継いだ精神のリレーに対する「スチュワードシップ（受託者責任）」があると考えています。小さな声に応える、という精神を経営理念MVV（ミッション・ビジョン・バリュー）に表しました。しかし、理念は書かれただけでは絵に描いた餅にすぎません。しっかりと餅を食べてもらい、胃袋で消化してもらうよう、ことあるごとに理念に言及しています。そして、経営と運営が理念に基づいてなされているか常に自己点検する機会を設けています。

新入社員には必ず私から直接経営理念の説明をし、月に1回オンラインで全従業員を対象に経営理念説明会を開催します。脳性麻痺当事者で旧ソ連の収容施設を生き延びたという特異な経験の持ち主でもあり、青い芝のメンバーでもあった古本 聡氏にメイン講師を務めてもらっています。

かつて私たちは組織の混乱を経験しました。その根本原因は対話がなかったことによる機能不全でした。経営サイドと運営サイドが、バックオフィスを担う本社とフロントの事業部が、部門間が、役員同士が。あらゆる場所で対話がスムーズに行われないとき、指示命令系統は混乱し、組織の分断が進むことを私たちは知っています。

そのような事態を予防するために、社の重要な方針転換のときには、あらゆるレイヤーの人に、私から徹底的に説明するようにしています。

日々対話の機会を積極的に設け、情報交換を行い、私を中心に経営陣や上長はしっかりとアカウンタビリティ（説明責任）を果たし、理念を実現するために日々努めていかなければなりません。

組織風土をデザインするダイバーシティの実現を目指して

○任せて委ねる

20世紀最高の経営者といわれたゼネラル・エレクトリック（GE）のジャック・ウェルチも、会長としての仕事の75パーセントは人事だったと述べています。一度任命すれば、マイクロマネジメントは極力禁じ、部下の仕事の邪魔をしないように気をつけています。

◯従業員はコストではなく資産である

哲学者のイマヌエル・カントは「他者を手段としてではなく目的として扱え」と語りました。弊社の売上高人件費率は70パーセントを超えます。つまり経営者目線からは最大のコストが人件費です。しかし、私個人としては従業員を単なるコストとしてではなく、大切な資産であると考えたいと思っています。大切な仲間であり、その存在そのものが目的であるという視点を失いたくないと思っています。

時に失敗したり、過ちを犯してしまう人もいます。対価にふさわしい活躍ができているとは言い難い人たちもいます。しかし、だからといってその人たちを簡単に切り捨てるようなことはしたくありません。でき得る限り再チャレンジの機会を与え、リスキリングによる成長の道を提示していきたいと思っています。

私自身が挫折や失敗の多い人生を歩んできました。さまざまな人たちとの出会いや社会制度のおかげで、私の現在があります。その恩を別の方法で社会に返すための仕事だと思っています。

◯ダイバーシティを実現する

私たちの事業の目的が、多様性が尊重される社会の実現であることはいうまでもありません。そんな私たち自身がモノカルチャーな組織になってしまってはいけません。私たちは多様性を追求します。

視覚障害をもつ弁護士の大胡田　誠氏や、脊髄損傷の医師である雪下岳彦氏をはじめ、役員にも従業員にも障害当事者が多数います。

先日参加させていただいた内閣府主催の「輝く女性の活躍を加速する男性リーダーの会」のミーティングでポーラ初の女性社長である及川美紀氏が「ダイバーシティとは組織風土のデザインだ」とおっしゃっていたのがとても印象的でした。さまざまな個性や属性や背景をもった仲間たちが時に対立しながらも、対話を諦めることなくともに歩み、それが創造性やイノベーションに結実するような、そんな組織風土をデザインすることこそ経営者としての私の仕事だと考えています。

「ジェンダー平等委員会」で女性管理職の割合を増やす取り組みをしたり、前述したとおり、災害時にクライアントを守る仕組みを構築する「防災委員会」、職場とサービス現場の安全性を守る「ハラスメント虐待防止委員会」など、喫緊の課題を解決する委員会をつくり、それぞれが活発に動いて、現状を改革していっています。

情報発信から社会を変えていく

重度訪問介護を受けたくて受けられない人が全国に何人いるのか、実態は把握されていません。シンクタンク部門で調査しなければならない重要課題はたくさんあります。

また、この本を制作するなかで、クライアントと家族のエピソードを掲載するにあたって本人たちにインタビューを行ったのですが、その際にクライアントの一人、立崎さんがこんな想いを話してくれました。

「私のような病気（ＡＬＳ）で困っている人が世の中いっぱいいると思うんですよね。制度を使ってこういう生き方をしている人もいるよ、こういうふうに自分らしく生きていけるよっていうこと、たくさんの人に知ってもらいたいですね」


当事者の声を丁寧に聞き取り、その存在と思いを代弁していきたいと思います。

またこの私たちの挑戦を、一人でも多くの方に知っていただき、新しい社会をともにつくっていきたいと願っています。

ともにいる、ことがすべて

私の社内では、顧問の障害当事者である安積遊歩さんの助言により、利用者を「クライアント」、ヘルパーを「アテンダント」（バークレー自立生活センターに倣って）と呼んでいます。ケアをする側も、受ける側も、より対等な立場でいられるような工夫です。

社会的支援は、とかく助ける、助けられるという構図にとらえられがちですが、実感はそのようなものではありません。私たちはそれぞれに、時に負いがたい苦難をその身に負いながら、必死に生きています。その人に代わって苦しむことはできないけれども、荷物を少しだけ軽くすることはできます。

「あなた」の命は「わたしたち」の命です。とにかく一人ではない、ということを示すことが重要だと考えています。

公的介護保障運動のリーダー新田 勲さんは、私にとって人生の師でもありました。アルコール依存症の底つき状態にあったとき、新田さんの家に行くことがありました。私は一定期間ほぼ食事がのどを通らず、体重も平時より10キロ以上減り、ガリガリに痩せていました。そんな私を見て、四肢麻痺で発話もかなわない重度障害者の新田さんが、足文字でこう語りかけてくれました。

「はらへったらいつでもきてくれ、いつでもめしくわせるから」

そういう新田さんは、泣いていました。私も泣きながら、感謝を伝えました。私は助けられてここまでやってきました。

人工呼吸器を拒否していた難病患者が生きる選択をする

先に少し書きましたが、重度訪問介護を知ることによって、今まで拒否していた延命治療を受け入れ、「生きる選択」をする人もいます。

生きられるにもかかわらず、ALS患者の7割は人工呼吸器の装着を拒否するという話をしました。その大きな理由の一つに、延命することで家族に介護の負担がかかることを避けたいという切実な思いをあげる方が多いのです。

最初は人工呼吸器の装着はしないと意思表示していた人が、重度訪問介護が受けられることになって、家族の介護負担が劇的に軽減し、やっぱり人工呼吸器を装着したい、生き続けたいと考えを変えられるケースをたくさん見てきました。

人工呼吸器の装着にも、在宅生活にも否定的な見解を示す主治医が、実は重度訪問介護の存在をよく知らなかった、ということもあります。患者さん同士がつながって、自分たちの暮らしのイメージを先達に求めることで、現在も開かれていっている世界があります。

実際に、人工呼吸器を装着し、重度訪問介護を利用して、いきいきとした人生を送っている患者さんがたくさんいます。人工呼吸器を使いながら車いすに乗って外出や旅行をする方。自分らしい社会活動を継続し、力強いメッセージを発信する方。自由な一人暮らしを実現する方。また、子どもの成長を見守り、配偶者の息遣いを感じながら、家族の真ん中で、大切な存在としてあり続ける方。

介護サービスは当然の権利なのですから、あなたらしく生きることを諦めないでほしい。そのために、私たちはいるのです。

第5章

会社を成長させることが社会課題を解決する
必要な人が必要な介護を受けられる社会を目指して

農福連携事業の「アグリー農園」　水耕栽培の野菜を生産

「グループホームのがわ」にて

おわりに

本書の出版は、世間に広く重度訪問介護のことを知ってもらい、現状ある課題を解決するために、多くの人の理解と協力を得たいとの思いから出発しています。障害福祉は障害者だけの問題ではありません。

私たちは、みなが住み慣れた地域でいきいきと活動する真のダイバーシティ・コミュニティの実現を目指しています。

これまで障害者は一般社会から隔離され、目につかないところに置かれてきました。そのことで、健常者は障害者と関わる機会を失い、障害について考えるきっかけをもてずに来てしまいました。障害者の地域移行が本格的に始まってから20年以上も経つのに、いまだに足踏み状態が続いているのは、社会の理解不足という壁に阻まれているからです。

どうか障害者問題を自分の問題として考えてほしいのです。そもそも障害はすべての人にとって無関係ではありません。病気や事故で中途障害者になる可能性は誰にでもあります。そのとき社会に受け皿がないということが、どんなに怖くて不便なことか……。そのように想像すると障害福祉の重要性が実感してもらえると思います。

困ったときに助けてほしいとＳＯＳを出せること、ＳＯＳに気づいたら躊躇わずに助けに行けること、それがみんな当たり前にできる世の中になることを目指して、私は私の事業をこれからも行っていきます。

「異端の福祉」という本著のタイトルは編集者の方からいただきました。障害福祉という異端の業界に、ビジネスの方法をもち込んだ、社会運動出身の起業家という異端の存在、ということかと推測します。ボクサーを目指し、哲学に憧れ、また社会運動に没頭したのち、生活保護を受けて、という私の経歴の異端性はよく友人からも揶揄されるところではあります。

ただ、もちろん、本書で重度訪問介護を知っていただいた読者のみなさんには、この制度が実現しているものが、福祉の王道も王道、ど真ん中の理念であることを理解していただけたのではないでしょうか。私たちは、障害をもつ人が笑顔でその人らしい、穏やかな生活が送れることを願っています。

私たち一人ひとりは、それぞれの人生の苦難や、抗いようのない運命に翻弄される弱い存在でしかありません。しかし、かたわらにいることによって、お互いに役割を見出し、人生の重なりあいのなかで意味を紡いでいく、かけがえのない仲間であると思います。

何人も彼の代わりに苦悩を苦しみ抜くことはできないのである。
まさにその運命に当たった彼自身がこの苦悩を担うということのなかに
独自な業績に対するただ一度の可能性が存在するのである。

アウシュヴィッツの極限状況を生き延びた精神科医ヴィクトール・フランクルの言葉

です。私たちのクライアントも、ともに事業を担う仲間たちも、みんなそれぞれの苦悩と困難を乗り越えながら生き延び、それぞれの記憶を抱きながら出会い、今、ともにいます。一滴一滴が集ってできる大河の流れのように、数々の思いがあり、改革の担い手がいて、少しずつ改善してきた福祉の歴史の一端に、いま私たちがいることを実感します。すべての人がその人らしい暮らしを実現するという疑いようのないニーズに、これからも応えていきたいと思っています。

最後になりましたが、本書を執筆するにあたりインタビューにご協力いただいた、クライアントとご家族の皆様に深く感謝を申し上げます。また、ご尽力いただいた幻冬舎メディアコンサルティングの皆さま、インタビュー取りや資料集めなどバックグラウンドで動いてくださったスタッフの方々、本当にありがとうございました。

そして、さまざまな苦難を乗り越え、未来の希望に向かってともに歩んでくれている株式会社土屋の仲間たちに。私が福祉業界に入るきっかけを、一度は去ったはずの障害福祉の世界への回帰のきっかけをつくってくれた妻の大山景子に。いつもとびきりの笑顔で幸せを与えてくれている二人の娘たちに。深く感謝して、筆を置くことにします。

2023年3月

高浜敏之

【著者プロフィール】

高浜敏之（たかはま　としゆき）

1972年生まれ、東京都出身。慶應義塾大学文学部哲学科卒。大学卒業後、介護福祉社会運動の世界へ。自立障害者の介助者、障害者運動、ホームレス支援活動を経て、介護系ベンチャー企業の立ち上げに参加。デイサービスの管理者、事業統括、新規事業の企画立案、エリア開発などを経験。2020年8月に株式会社土屋を起業。代表取締役兼CEOに就任。2023年1月には、重度障害者を24時間在宅で支援する重度訪問介護事業所「ホームケア土屋」を全国47都道府県に広げる。ALSなどの難病や重度の障害があっても、望む地域で望む人と安心して暮らせる社会の実現を目指し、日々奔走している。

本書についての
ご意見・ご感想はコチラ

異端の福祉
「重度訪問介護」をビジネスにした男

2023年3月17日　第1刷発行

著　者　　高浜敏之
発行人　　久保田貴幸

発行元　　株式会社 幻冬舎メディアコンサルティング
〒151-0051　東京都渋谷区千駄ヶ谷4-9-7
電話　03-5411-6440（編集）

発売元　　株式会社 幻冬舎
〒151-0051　東京都渋谷区千駄ヶ谷4-9-7
電話　03-5411-6222（営業）

印刷・製本　中央精版印刷株式会社
装　丁　　立石愛

検印廃止

Printed in Japan
ISBN 978-4-344-94182-3 C0034
幻冬舎メディアコンサルティングＨＰ
https://www.gentosha-mc.com/